高等职业教育新能源汽车类专业教材

新能源汽车构造

董　括　范真维◎主　　编
房　睿　白　洁◎副主编
　　　齐方伟◎主　　审

人民交通出版社股份有限公司
北　京

内 容 提 要

本书是高等职业教育新能源汽车类专业教材。全书包括3个项目、19个工作任务，主要介绍了纯电动汽车认知、其他新能源汽车认知、新能源汽车使用与安全防护。

本书可作为职业院校新能源汽车技术、新能源汽车检测与维修技术等专业的教学用书，也可作为新能源汽车维修专业培训用书和相关技术人员的参考书。

图书在版编目(CIP)数据

新能源汽车构造/董括,范真维主编.—北京：人民交通出版社股份有限公司,2024.2
ISBN 978-7-114-19249-4

Ⅰ.①新… Ⅱ.①董…②范… Ⅲ.①新能源—汽车—构造—高等职业教育—教材 Ⅳ.①U469.7

中国国家版本馆 CIP 数据核字(2024)第 021154 号

书　　名：	新能源汽车构造
著 作 者：	董　括　范真维
责任编辑：	张一梅
责任校对：	孙国靖　卢　弦
责任印制：	刘高彤
出版发行：	人民交通出版社股份有限公司
地　　址：	(100011)北京市朝阳区安定门外外馆斜街3号
网　　址：	http：//www.ccpcl.com.cn
销售电话：	(010)59757973
总 经 销：	人民交通出版社股份有限公司发行部
经　　销：	各地新华书店
印　　刷：	北京市密东印刷有限公司
开　　本：	787×1092　1/16
印　　张：	12.5
字　　数：	293 千
版　　次：	2024 年 2 月　第 1 版
印　　次：	2024 年 2 月　第 1 次印刷
书　　号：	ISBN 978-7-114-19249-4
定　　价：	42.00 元

(有印刷、装订质量问题的图书，由本公司负责调换)

编委会

主　　任：

　　戚文革(吉林电子信息职业技术学院)

副 主 任：

　　齐方伟(吉林科技职业技术学院)

　　孙志刚(吉林铁道职业技术学院)

委　　员(按姓氏笔画排序)：

　　山长军(吉林工业职业技术学院)

　　马书亮(吉林科技职业技术学院)

　　朱立东(吉林铁道职业技术学院)

　　李　刚(吉林科技职业技术学院)

　　李富松(河北交通职业技术学院)

　　张　鑫(江西交通职业技术学院)

　　范真维(吉林电子信息职业技术学院)

　　赵海宾(河北交通职业技术学院)

　　钟颖强(江西交通职业技术学院)

　　曹元勋(吉林工业职业技术学院)

　　董　括(吉林电子信息职业技术学院)

技术顾问：

　　侯志宝(长春市康嘉教学设备有限公司)

前言

随着新一轮科技革命和产业变革深入推进,汽车与能源、交通、信息通信等领域加速融合,汽车的电动化、网联化、智能化、共享化成为汽车产业发展的主流和趋势。为了对接汽车产业发展新趋势,满足新能源汽车领域高质量发展对高素质技术技能人才的需求,推动职业教育专业升级和数字化改造,提高人才培养质量,吉林电子信息职业技术学院、吉林工业职业技术学院、吉林铁道职业技术学院、吉林科技职业技术学院、江西交通职业技术学院、河北交通职业技术学院共同编写了高等职业教育新能源汽车技术专业理实一体化教材。

本套教材认真贯彻落实党的二十大对教材建设与管理作出的新部署新要求,遵循知识和技能并重的改革方向,根据高等职业教育的特点以及高职高专院校学生的学习情况进行编写,具有以下特点:

(1)教材编写依据特定的工作任务,选取适度够用的理论知识,以学生的操作技能和职业素养培养为核心,围绕典型工作任务设计教学项目,突出知识的实用性、综合性和先进性。教材内容设置以学生为中心,由浅及深、循序渐进,每本教材均配有"任务工单",实现了理论实践一体化。

(2)教材融入了丰富的课程思政元素、党的二十大精神内容,选取国产汽车品牌进行讲解,加强学生对民族品牌意识和认知,增强对民族品牌汽车的自信度,体现立德树人教育目标,实现思想政治教育与技术技能培养的有机统一。

(3)教材编写过程中广泛联系行业企业,深入了解行业企业对本专业人才的实际需求,由相关企业提供了配套的教学资源和技术支持,行业企业人员深度参与教材编写与开发。

(4)教材配套了丰富的教学资源,教材的知识点以二维码链接动画、视频资源,所有教材配有课件、习题及答案等,满足学生个性化学习的需求,提升教材使用体验。

《新能源汽车构造》系统地介绍了新能源汽车基础知识,旨在为高等院校汽车类和交通类专业的本科生提供一本全面、系统、实用的教材,同时也为从事汽车工程研究的技术人员提供参考。在编写本书时,作者尽可能地采用了最新的研究成果和数据,使得读者可以了解新能源汽车的发展趋势和最新技术应用。同时,注重理论和实践的结合,让读者更好地理解和掌握新能源汽车的相关知识。本书介绍了新能源汽车的基础知识、原理、结构及新能源汽车安全防护的基本操作。通过本书的学习，使读者增长知识、训练技能、积累经验、养成习惯、提高能力，初步具备分析、解决实际工程问题的能力，同时具备团队协作精神、创新能力，为后续专业课程的学习打下良好基础。通过配套的"任务工单"，突出技术的应用性和针对性，强化实践操作能力，并适应当前技术发展趋势及应用需求。

本书由吉林电子信息职业技术学院董括、范真维任主编，房睿、白洁任副主编，吉林科技职业技术学院齐方伟任主审，吉林电子信息职业技术学院许天翔、王国杰参编。本书编写分工为：董括编写项目一、项目三，并负责全书统稿；范真维编写项目二任务1，并负责视频资源制作；房睿编写项目二任务2，并负责习题编写；白洁编写项目二任务3及课程思政内容；许天翔编写项目二任务4；王国杰编写项目二任务5。吉林神华汽车销售服务有限责任公司的凌晓峰为本书提供大量的企业真实案例。

作者在本书编写过程中查阅了大量书籍、文献和资料，引用了一些网络相关资源，参考借鉴了国内外新能源汽车方面的研究成果，还得到了长春康嘉教学设备有限公司和深圳霖汉科技发展有限公司的帮助和支持，在此一并向其表示感谢。

由于作者水平有限，书中难免有疏漏之处，敬请业内专家和广大读者批评指正。

作　者
2023 年 10 月

目录

项目一　纯电动汽车认知 ·· 1

任务1　车辆基本信息查询 ·· 2
任务2　驱动系统认知 ·· 7
任务3　储能系统认知 ··· 28
任务4　充电系统认知 ··· 39
任务5　热管理系统认知 ·· 47
任务6　整车管理系统认知 ··· 54
任务7　底盘电控系统认知 ··· 61
习题 ··· 68

项目二　其他新能源汽车认知 ··· 70

任务1　插电式混合动力电动汽车认知 ··· 71
任务2　增程式混合动力电动汽车认知 ··· 74
任务3　氢燃料电池电动汽车认知 ·· 77
任务4　太阳能汽车认知 ·· 82
任务5　代用燃料汽车认知 ··· 85
习题 ··· 92

项目三　新能源汽车使用与安全防护 ·· 93

任务1　新能源汽车使用 ·· 94
任务2　使用高压安全防护用具 ··· 103
任务3　新能源汽车高压断电 ·· 107
任务4　触电事故的现场急救 ·· 110

任务5　新能源汽车无法起动应急处理 …………………………………… 115

任务6　新能源汽车火灾事故应急处理 …………………………………… 117

任务7　新能源汽车水灾事故应急处理 …………………………………… 119

习题 ………………………………………………………………………… 122

任务工单 ……………………………………………………………………… 124

参考文献 ……………………………………………………………………… 190

项目一 纯电动汽车认知

知识目标

(1) 掌握新能源汽车的定义、特点、基本信息。
(2) 掌握驱动系统的作用、组成,熟悉驱动系统的工作过程。
(3) 掌握储能系统的作用、组成,熟悉储能系统的工作过程。
(4) 掌握充电系统的作用、组成,熟悉充电系统的工作过程。
(5) 掌握热能管理系统的作用、组成,熟悉热能管理系统的工作过程。
(6) 掌握整车控制系统的作用、组成,熟悉整车控制系统的工作过程。
(7) 掌握底盘电控系统的作用、组成,熟悉底盘电控系统的工作过程。

技能目标

(1) 能够正确查询纯电动汽车的基本信息。
(2) 能够准确描述纯电动汽车各部分名称,并指认其实际位置。
(3) 能够准确描述电机驱动系统的组成与作用,并指认其实际位置。
(4) 能够准确描述蓄电池及管理系统的组成与作用,并指认其实际位置。
(5) 能够准确描述底盘电控系统的组成与作用,并指认其实际位置。
(6) 能够准确描述热能管理系统的组成与作用,并指认其实际位置。
(7) 能够准确描述整车控制系统的组成与作用,并指认其实际位置。

素质目标

(1) 培养学生遵守技术标准、规范操作、安全、环保、5S作业的好习惯。
(2) 树立技能理想,坚定技能信念,走上技能成才、技能报国之路。
(3) 体会并提取《新能源汽车发展史》的创新要素以及我国汽车技术的发展规律,培养创新意识。

▶ 学时:32 学时

任务1 车辆基本信息查询

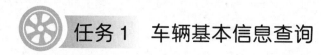

请观察身边的纯电动汽车,并通过对车辆的检查,记录其基本信息,并填写相应的任务工单。

一、知识准备

(一)新能源汽车定义

新能源汽车是指采用非常规的车用燃料作为动力来源(或使用常规的车用燃料、采用新型车载动力装置),综合车辆的动力控制和驱动方面的先进技术,形成的技术原理先进、具有新技术、新结构的汽车。目前,新能源汽车主要以纯电动汽车为主。

纯电动汽车(Blade Electric Vehicles,BEV)简称电动汽车(EV),是一种采用单一蓄电池作为储能动力源的汽车,它利用蓄电池作为储能动力源,通过蓄电池向电动机提供电能,驱动电动机运转,从而推动汽车行驶,使之符合道路交通、安全法规各项要求的车辆。

(二)纯电动汽车优缺点

随着纯电动汽车技术不断推进发展,在我国的政策鼓励和产业发展影响下,纯电动汽车的保有量也在快速增加。纯电动汽车与内燃机汽车相比,具有以下优、缺点,见表1-1。

表1-1 纯电动汽车优、缺点

优点	缺点
(1)环境污染小。	(1)续驶里程短。
(2)无噪声/噪声低。	(2)成本高。
(3)能源利用率高、高效率。	(3)充电时间长。
(4)结构简单,使用维修方便,经久耐用。	(4)维护费用较高。
(5)使用范围广,不受所处环境影响。	(5)蓄电池寿命短。
(6)能源来源广泛。	(6)安全性能有待提高。
(7)移峰填谷	(7)配套设施不完善

(三)电动汽车的关键技术

发展电动汽车必须解决好三大关键技术:蓄电池及管理技术、电机及控制技术、整车控制技术,简称"电池、电机、电控",见表1-2。

电动汽车关键技术 表1-2

名称	作用	性能要求
蓄电池及管理技术	电动汽车的"心脏",为整车提供动力。动力蓄电池对于整车来说需要向其提供持续的、稳定的能量	(1) 比能量高。 (2) 比功率大。 (3) 使用寿命长。 (4) 可靠性高。 (5) 成本低
电机及控制技术	电动汽车行驶的"躯干",将电源的电能转化为机械能,通过传动装置驱动车轮	(1) 具有较宽的调速范围及较高的转速。 (2) 具有足够大的起动转矩。 (3) 体积小、质量轻、效率高。 (4) 有动态制动强和能量回馈的性能
整车控制技术	电动汽车的"大脑",用来协调各个零部件,使整车以最佳状态行驶	(1) 具有较好的控制策略。 (2) 动态响应好。 (3) 采样精度高。 (4) 抗干扰能力强。 (5) 可靠性高

(四) 新能源汽车专用号牌

为更好地区分和辨识新能源汽车,实施差异化交通管理,我国新能源汽车使用专用号牌。中华人民共和国公安部设计了新能源汽车号牌式样,如图1-1所示。新能源汽车号牌以绿色为主色调,采用无污染的烫印制作方式,为绿色环保的制作工艺。其具体特征见表1-3。

a) 小型新能源汽车牌照　　　　　　b) 大型新能源汽车牌照

图1-1 新能源汽车专用号牌

新能源汽车专用号牌特征 表1-3

号牌特征	特征描述
外廓尺寸	480mm×140mm
颜色	(1) 绿底黑字黑框线。 (2) 小型新能源汽车号牌为渐变绿色。 (3) 大型新能源汽车号牌为黄绿双拼色(地区代码部分为黄色,号码部分为绿色)
组成	第1位:汉字。表示该车户口所在的省级行政区,为各省(自治区、直辖市)的简称。 第2位:英文字母。表示该车户口所在的地级行政区,一般为各地级市、地区、自治州、盟字母代码(在编排地级行政区英文字母代码时,跳过I和O)。 第3~8位:数字和字母组合。该车的号牌号码,包括新能源汽车类型及号牌序号

续上表

号牌特征	特征描述
新能源汽车类型	(1) 纯电动的车型用"D"。 (2) 非纯电动的车型用"F"。 (3) 小型汽车号牌中"D"或"F"位于号牌序号的第一位。 (4) 大型汽车号牌中"D"或"F"位于号牌序号的最后一位
号牌序号	6 位数字或字母(比普通汽车多 1 位)
安装位置	(1) 前号牌必须安装在车体前正面下部的中间或偏右位置上。 (2) 后号牌必须安装在车体后正面下部的中间或偏左位置上
道路交通安全违法行为记分分值	(1) 使用伪造、变造机动车号牌、行驶证、驾驶证或者使用其他机动车号牌、行驶证的,一次记 12 分。 (2) 上道路行驶的机动车未悬挂机动车号牌,或者故意遮挡、污损、不按规定安装机动车号牌的,一次记 6 分

(五) 车辆铭牌

车辆铭牌是标明车辆基本特征的标牌(图 1-2),主要包括厂牌、型号、功率、总质量、载重量或载客人数、出厂编号、出厂日期及厂名等,一般安装在车辆易于观察的地方,见表 1-4。

图 1-2 车辆铭牌

车辆铭牌内容与位置 表 1-4

车辆铭牌内容	(1) 公司名称。 (2) 品牌。 (3) 制造国。 (4) 整车型号。 (5) 乘坐人数。 (6) 制造年月。 (7) 驱动电机型号。 (8) 驱动电机峰值功率。 (9) 动力蓄电池系统额定电压。 (10) 动力蓄电池系统额定容量。

续上表

车辆铭牌内容	(11)车辆识别代号。 (12)最大允许总质量
车辆铭牌位置	(1)汽车副驾驶车门下部。 (2)汽车 B 柱上。 (3)汽车前机舱的熔断丝盒上

(六)车辆识别代号(VIN)

车辆识别代号(Vehicle Identification Number,VIN),由 17 位字符组成,所以俗称 17 位码。VIN 是汽车的身份证号,是汽车制造厂为了识别一辆汽车而规定的一组字码,它根据国家车辆管理标准确定,包含了车辆的生产厂家、年代、车型、车身型式及代码、发动机代码及组装地点等信息,见表 1-5。新的行驶证在"车架号"一栏一般都打印 VIN。

VIN 的作用与位置　　　　　　　　　　　　　　　　　　表 1-5

VIN 作用	(1)确认汽车的身份。 (2)交通违章查询。 (3)车辆的批次查询。 (4)精确查找配件
VIN 位置	(1)仪表盘左侧。 (2)风窗玻璃左下侧。 (3)车辆铭牌上。 (4)右前减振器上部的车身上。 (5)行李舱处。 (6)车门铰链柱、门锁柱或与门锁柱接合的门边之一的柱子上

为加强车辆生产企业及产品管理,规范车辆识别代号的管理和使用,根据国家有关法律、法规,《道路车辆　车辆识别代号》(GB 16735—2019)规定了 VIN 标准,如图 1-3 所示。其各部分说明见表 1-6。

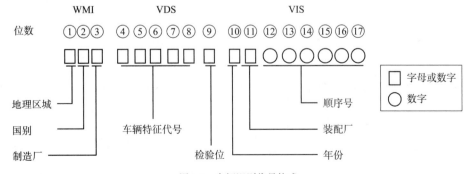

图 1-3　车辆识别代号构成

VIN 各部分说明　　　　　　　　　　　　　　　　　表 1-6

第1部分：世界制造厂识别代号（WMI）	世界制造厂识别代号：3 位
第2部分：车辆说明部分（VDS）	车辆说明部分：6 位 ④ 新能源种类 ⑤ 新能源功率 ⑥ 车身长度 ⑦ 最大乘员数 ⑧ 最大总质量 ⑨ 检验位
第3部分：车辆指示部分（VIS）	车辆指示部分：8 位

VIS 的第一位字码（即 VIN 的第十位）代表年份。年份代码按规定使用（30 年循环一次），见表 1-7。

车辆年份代码　　　　　　　　　　　　　　　　　表 1-7

年份	代码	年份	代码	年份	代码	年份	代码
2001	1	2011	B	2021	M	2031	1
2002	2	2012	C	2022	N	2032	2
2003	3	2013	D	2023	P	2033	3
2004	4	2014	E	2024	R	2034	4
2005	5	2015	F	2025	S	2035	5
2006	6	2016	G	2026	T	2036	6
2007	7	2017	H	2027	V	2037	7
2008	8	2018	J	2028	W	2038	8
2009	9	2019	K	2029	X	2039	9
2010	A	2020	L	2030	Y	2040	A

二、任务实施

（一）工作准备

1. 作业场地

选择带有消防设施的作业场地。

2. 设备设施

实训车辆。

3. 工量辅具

手电筒、车轮挡块。

(二)实施步骤

1. 查看车牌信息

(1)在车辆前部找到车牌,识读并记录车牌信息。

(2)在车辆后部找到车牌,识读并记录车牌信息。

2. 查看车辆铭牌信息

(1)打开副驾驶侧车门。

(2)在右 B 柱下钣金沉台上找到电动汽车铭牌,如图 1-4 所示。

(3)查看并记录铭牌上的车辆基本信息。

3. 查看汽车 VIN

(1)找到汽车 VIN 位置。

(2)记录 VIN,如图 1-5 所示。

图 1-4　VIN 在车上的常见位置

图 1-5　车辆的 VIN

(3)分析 VIN 信息。

任务2　驱动系统认知

📝 任务描述

驱动系统是电动汽车行驶的主要动力装置。请观察身边的电动汽车,并通过对车辆驱动系统的观察,记录其基本信息,并填写相应的任务工单。

一、知识准备

(一)驱动系统的作用

驱动系统是电动汽车三大核心部分之一,相当于汽车的"躯干"。它的任务是在驾驶人的操控下,将动力蓄电池的电能转换为车轮的动能,或者将车轮上的动能反馈到动力蓄电池中。其特性决定了车辆的主要性能指标,直接影响车辆的动力性、经济性和用户的驾乘感受。

1. 驱动车辆行驶

电机控制器接收车辆加速、制动、挡位信息,根据车辆的行驶工况,控制动力电机的旋转,通过减速器、传动轴、差速器、半轴等机械传动装置,带动驱动车轮旋转。

2. 制动能量回收

车辆减速时,电机对车辆前进起制动作用,这时电机处在发电运行状态,将车轮旋转的机械能转化为电能,给储能动力源充电,称为再生制动。驱动系统的再生制动功能是非常重要的,它不仅能使电动汽车的行驶里程增加15%~25%,还能通过发电过程中的反向制动,减少制动摩擦片的磨损。

(二)驱动系统的组成

电动汽车驱动系统是车辆行驶的主要驱动系统,主要由电机控制器、驱动电机、减速器总成、冷却系统组成,如图1-6所示。

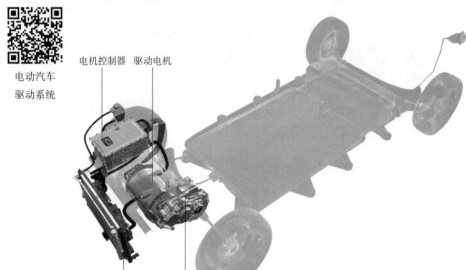

电动汽车驱动系统

图1-6 驱动系统组成

1. 电机控制器

电机控制器一般位于电动汽车的前机舱、电动机上方,壳体上有低压连接器、高压母线连接器、与电机相连的三相连接器和进出水口,如图1-7所示,作用是根据挡位、加速踏板、制动踏板等指令,将动力蓄电池所存储的电能转化为驱动电机所需的电能,来控制电动车辆的起动运行、加减速度、爬坡力度等行驶状态,或者将帮助电动车辆制动,并将部分制动能量存储到动力蓄电池中。电机控制器是电动车辆的关键零部件之一,其铭牌参数如图1-8所示。

项目一　纯电动汽车认知

图1-7　电机控制器

图1-8　电机控制器铭牌

2. 驱动电机

驱动电机一般位于电动汽车前机舱、电机控制器下方，主要作用是产生驱动转矩，驱动车辆行驶，如图1-9所示。驱动电机在电动汽车中被要求承担着电动和发电的双重功能，即在正常行驶时发挥其主要的电动机功能，将驱动电能转化为机械旋转能；而在降速和下坡滑行时又被要求进行发电，将车轮的惯性动能转换为电能，其铭牌参数如图1-10所示。

图1-9　驱动电机

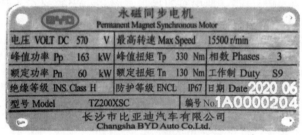

图1-10　驱动电机铭牌

1) 驱动电机的类型

驱动电机主要分为直流电机、永磁同步电机、交流异步电机、开关磁阻电机四类，其类型及优、缺点见表1-8。

驱动电机的类型及优、缺点　　　　　　　　　　　　　　　表1-8

类型	优点	缺点	代表车型
直流电动机	(1) 成本低。 (2) 易控制。 (3) 调速性能良好	(1) 结构复杂。 (2) 转速低。 (3) 体积大。 (4) 维护频繁	早期部分车型
永磁同步电机	(1) 效率高。 (2) 结构简单。 (3) 体积小。 (4) 质量轻	(1) 成本较高。 (2) 高温下磁性衰退	比亚迪秦、比亚迪宋DM、宋EV300、北汽EV系列、腾势400、众泰E200、荣威ERX5等

续上表

类型	优点	缺点	代表车型
交流异步电机	(1)结构简单。 (2)可靠性好。 (3)成本易控	(1)效率低。 (2)调速性差	特斯拉 ModelS、ModleX、江铃 E200、江铃 E100、江铃 E160、众泰云 100S、芝麻 E30 等
开关磁阻电机	(1)结构简单。 (2)体积小轻便。 (3)效率高。 (4)成本低	(1)噪声振动大。 (2)输出转矩脉动	暂未被广泛应用

(1)直流电机。直流电机驱动系统是最早应用于电动汽车的电机驱动系统,由于直流电机驱动系统本身各项关键技术开发程度较为成熟,使得其具备了系统造价低、控制器构造简单而且性能优良等特点。另外,由于其具有起动转矩大和调速范围宽的特点,至今无轨电车大部分采用直流电机驱动系统。

(2)永磁同步电机。永磁同步电机具有占用空间小、功率密度高以及运行效率高等优点,因此得到了国内外电动汽车开发商的广泛关注。但其缺陷也很明显,主要是驱动系统电流损耗相对较大、使用时间过长容易出现退磁以及工作噪声过大等。相比国外较成熟的永磁同步电机技术开发,国内关于永磁同步电机的研究还较少。但是在我国大力扶植电动汽车的背景下,新型永磁材料的科技应用以及无传感器技术科研领域的不断进步,如研发了稀土永磁同步电机。

(3)交流异步电机。交流异步电机又称交流感应电机,随着现代电力电子技术瓶颈的突破,使得交流感应电机驱动系统逐渐得到电动汽车开发商的青睐,并且随着交流感应电机驱动系统调速性能技术的发展,成为当前工业应用中最为广泛的拖动电机。但是异步电机控制系统较为复杂,成为该型电机驱动系统发展的最大阻碍。

(4)开关磁阻电机。开关磁阻电动机驱动系统的核心是通常所说的开关磁阻电动机(SRM),无论电机设计构造还是工作原理,SRM 都有着自己的特点,由此,其电机驱动系统噪声大、结构复杂等也成为其当前较为致命的缺陷。与直流和交流电机相比,其显著优点在于结构简单、调速范围宽以及安全可靠性较高。由于其在速度控制以及可控制范围的优良性能,使得 SRM 的潜力逐渐得到越来越多开发商的认可。

不同类型驱动电机的性能也相差较大,见表 1-9。

驱动电机性能对比　　　　　　　　　　　表 1-9

参数	直流电机	永磁同步电机	交流异步电机	开关磁阻电机
功率密度	低	高	中	较高
转矩性能	一般	好	好	好
转速范围(r/min)	4000~6000	4000~10000	9000~15000	>15000
功率因数	—	90~93	82~85	60~65
峰值效率(%)	85~89	95~97	94~95	85~90

续上表

参数	直流电机	永磁同步电机	交流异步电机	开关磁阻电机
负荷效率(%)	80~87	85~97	90~92	78~86
过载能力(%)	200	300	300~500	300~500
电机尺寸/质量	大/重	小/轻	中/中	小/轻
可靠性	差	优良	好	好
结构坚固性	差	一般	好	优良
控制操作性能	最好	好	好	好
控制器成本	低	高	高	一般

2) 电动机的额定指标

电动机的额定指标是指根据国家标准及电动机的设计、试验数据而确定的额定运行数据,是电动机运行的基本依据。电动机的额定指标主要包括以下各项。

(1) 额定功率。

额定功率是指额定运行情况下轴端输出的机械功率(W 或 kW)。驱动电机的功率决定了汽车的加速能力和最大车速。大多数新能源汽车的驱动电机功率在 50~200kW 之间。

① 满载。

当电动机在额定运行情况下输出额定功率时,称为满载运行,这时电动机的运行性能、经济性及可靠性等均处于优良状态。

② 过载。

输出功率超过额定功率时称为过载运行,这时电动机的负载电流大于额定电流,会引起电动机过热,从而缩短电动机使用寿命,严重时甚至烧毁电动机。

③ 轻载。

电动机的输出功率小于额定功率时称为轻载运行,轻载运行时电动机的效率和功率因数等运行性能均较差,因此应尽量避免电动机轻载运行。

(2) 额定电压。

额定电压是指外加于线端的电源线电压(V)。

(3) 额定电流。

额定电流是指电动机额定运行(额定电压、额定输出功率)情况下电枢绕组(或定子绕组)的线电流(A)。

(4) 额定频率。

额定频率是指电动机额定运行情况下电枢(或定子侧)的频率(Hz)。

(5) 额定转速。

额定转速是指电动机额定运行(额定电压、额定频率、额定输出功率)的情况下,电动机转子的转速(r/min)。驱动电机的转速范围决定了汽车的运行效率和续驶里程。适当提高转速范围可以提高汽车的运行效率和延长续驶里程。新能源汽车的驱动电机转速范围通常在 1000~15000r/min 之间。

(6)转矩。

驱动电机的转矩决定了汽车的起步能力和爬坡能力。转矩过大可能会影响传动系统的寿命。新能源汽车的驱动电机转矩通常在200~600N·m之间。

(7)效率。

驱动电机的效率决定了汽车的能耗和续驶里程。通常来说,电机的效率越高,汽车的能耗越低,续驶里程越长。新能源汽车的驱动电机效率通常在90%以上。

3)驱动电机的特点

电动汽车在正常使用时除了需要频繁起动和停车,承受较大的加速度或减速度,还需要能够在恶劣的环境下能够正常工作,承受高温、多变的气候条件和频繁的振动。因此,电动汽车的驱动电机需要具有以下特点:

(1)质量轻、体积小。

新能源汽车轻量化和有效空间的需求使得驱动电机在达到要求的同时必须质量轻、体积小,降低整车整备质量,为提升汽车动力性和延长续驶里程做贡献。

(2)长寿命、高可靠性。

驱动电机作为汽车的核心部件,防尘、防水、防震等性能的要求必须符合要求,寿命及可靠性必须和整车一样,在整个汽车的生命周期基本不会出现任何问题。

(3)高耐压性。

在允许的范围内应尽可能采用高电压,从而减小电动机的尺寸和导线等装备的尺寸,特别是降低逆变器的成本。

(4)整个转速范围的高效率。

为了保证电动汽车续驶里程长,驱动电机在整个转速范围尽可能高效率运行,特别是在路况复杂以及行驶方式频繁改变时,低负荷运行也应该具有较高的效率。

(5)低速大转矩特性和较宽范围的恒功率特性。

驱动电机应具有汽车行驶所需要的转矩特性,满足汽车起动、加速、行驶、减速、制动等所需的功率及转矩。

(6)电气系统的安全性。

目前,市场上新能源汽车的工作电压基本上在300V以上,对电气系统包括电机的安全性,都必须符合相关车辆电气控制的安全性能标准和规定。

3. 减速器总成

电动汽车减速器的主要作用是将电机输出的高转速、低转矩的动力转换成低转速、高转矩的动力,用于驱动汽车,如图1-11所示。减速器的工作原理是利用内部的齿轮传动机构,改变电动机的转速和输出功率,从而实现驱动轮的转速减速。当下电动汽车普遍搭载有单级减速器,而少量车型则搭载两挡变速器。与燃油机输出特性不同,电动机本身便可不通过离合器实现动力

图1-11 减速器总成

中断,电动机的转矩足以驱动车辆。

4. 冷却系统

电动汽车在行驶时,由于电机和控制系统工作电流大、产热量大,同时系统还处于一个相对封闭的环境,由此,会导致电机和控制系统的温度上升。如果温度过高,将导致电机功率下降、元件损坏,车辆无法正常使用。为了保证电动机和控制系统良好的工作性能,因此,电机驱动系统一般采用冷却系统对驱动电机及控制器进行降温。

冷却系统包括冷却液散热器、冷却液散热风扇、控制系统、温度传感器和水泵。冷却液从散热水箱下部出来后,经水泵先冷却电机控制器,从控制器流出的冷却液进入电动机的进水口,然后回流到散热器的上回流口,如图1-12所示。

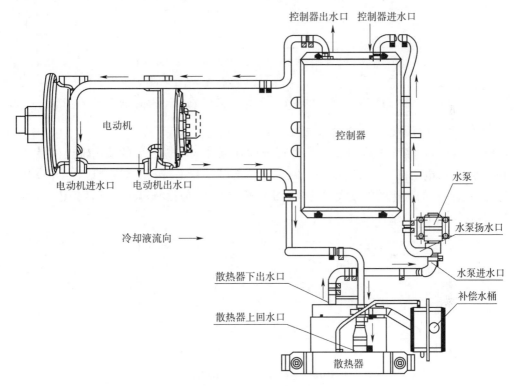

图1-12 冷却系统结构图

(三) 驱动系统的布置形式

纯电动汽车驱动系统的布置形式是指驱动轮数量、位置以及驱动电机系统布置的形式。电动汽车的驱动系统是电动汽车的核心部分,其性能决定着电动汽车行驶性能的好坏。电动汽车的驱动系统布置取决于电机驱动方式,可以有多种类型。

1. 传统驱动系统的布置形式

驱动系统仍然采用内燃机汽车的驱动系统布置方式,包括离合器、变速器、传动轴和驱动桥等总成,只是将内燃机换成电动机,属于改造型电动汽车。这种驱动系统布置形式有电动机前置-驱动桥前置(F-F)、电动机前置-驱动桥后置(F-R)等驱动模式。

传统驱动系统布置形式增大了纯电动汽车的起动转矩,增加了低速运行时纯电动汽车的后备功率,但是布置形式结构复杂、效率低,不能充分发挥驱动电机的性能。

简化的传统驱动系统布置形式由于采用了调速电动机,其变速器可相应简化,挡位数一般有两个就够了,倒挡也可通过驱动电机的正反转来实现。驱动桥内的机械式差速器使得汽车在转弯时,左右车轮以不同的转速行驶,这种模式主要应用于早期的纯电动汽车,省去了较多的设计,也适于对原有汽车的改造。传统驱动系统布置形式如图1-13所示。

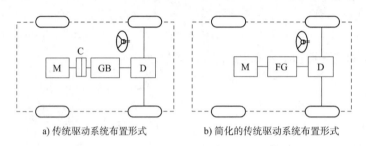

a) 传统驱动系统布置形式　　　b) 简化的传统驱动系统布置形式

图1-13　传统驱动系统的布置形式

C-离合器;D-差速器;GB-变速器;FG-固定速比减速器;M-电动机

2. 电动机-驱动桥组合式驱动系统的布置形式

电动机-驱动桥组合式驱动系统布置形式即在驱动电动机端盖的输出轴处加装减速齿轮和差速器等,电动机、固定速比减速器、差速器的轴互相平行,一起组合成一个驱动整体。它通过固定速比的减速器来放大驱动电动机的输出转矩,但没有可选的变速挡位,也就省掉了离合器,如图1-14所示。

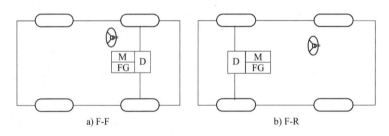

a) F-F　　　　　　　b) F-R

图1-14　电动机-驱动桥组合式驱动系统的布置形式

D-差速器;FG-固定速比减速器;M-电动机

电动机-驱动桥组合式驱动系统布置形式机械传动机构紧凑,传动效率较高,便于安装,但对驱动电动机的调速要求较高。

3. 电动机-驱动桥整体式驱动系统的布置形式

电动机-驱动桥整体式驱动系统布置形式与发动机横向前置-前轮驱动的内燃机汽车的布置方式类似,把电动机、固定速比减速器和差速器集成为一个整体,两根半轴连接驱动车轮。电动机-驱动桥整体式驱动系统布置形式有同轴式和双联式两种,如图1-15所示。

该电动机-驱动桥构成的机电一体化整体式驱动系统,具有结构更紧凑、传动效率高、质量轻、体积小、安装方便的特点,并具有良好的通用性和互换性,在小型电动汽车上应用最普遍。

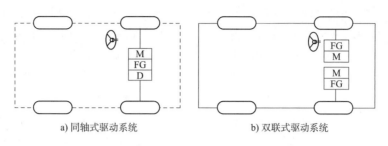

a) 同轴式驱动系统　　　　　　b) 双联式驱动系统

图 1-15　电动机-驱动桥整体式驱动系统的布置形式
D-差速器；FG-固定速比减速器；M-电动机

4. 轮毂电动机分散驱动式驱动系统的布置形式

轮毂电动机分散驱动式驱动系统布置中，轮毂电动机直接装在汽车车轮里，主要有内定子外转子和内转子外定子两种结构，如图 1-16 所示。

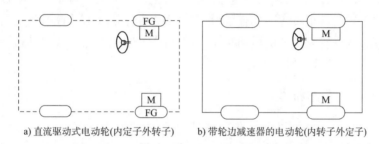

a) 直流驱动式电动轮(内定子外转子)　　b) 带轮边减速器的电动轮(内转子外定子)

图 1-16　轮毂电动机分散驱动式驱动系统的布置形式

（1）内定子外转子轮毂电动机分散驱动式驱动系统布置形式采用低速内定子外转子电动机，其外转子直接安装在车轮的轮缘上，可完全去掉变速装置，驱动电动机转速和车轮转速相等，车轮转速和车速控制完全取决于驱动电动机的转速控制，如图 1-17 所示。由于不通过机械减速，通常要求驱动电动机为低速大转矩电动机。低速内定子外转子电动机结构简单，无须齿轮变速传动机构，但其体积大、质量大、成本高。

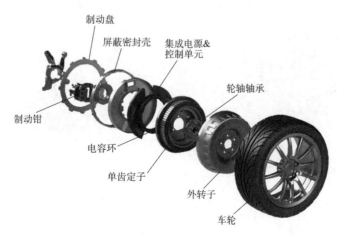

图 1-17　内定子外转子轮毂电动机

（2）内转子外定子轮毂电动机分散驱动式驱动系统布置形式采用一般的高速内转子外

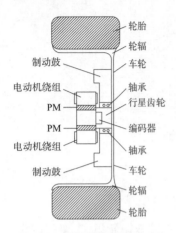

图1-18 内转子外定子轮毂电动机

定子电动机,其转子作为输出轴与固定减速比的行星齿轮变速器的太阳轮相连,而车轮轮毂通常与其齿圈连接,它能提供较大的减速比,来放大其输出转矩。驱动电动机装在车轮内,形成轮毂电动机,可进一步缩短从驱动电动机到驱动轮的传递路径,如图1-18所示。采用高速内转子外定子电动机,转速约为10000r/min,且需安装固定速比减速器来降低车速。一般采用高减速比行星齿轮减速装置,安装在电动机输出轴和车轮轮缘之间,且输入和输出轴可布置在同一条轴线上。

采用轮毂电动机驱动可大大缩短从驱动电动机到驱动车轮的传递路径,不仅能节省大量的有效空间以便于总体布局,而且对于前种内定子外转子结构,也大大提高了对车轮的动态响应控制性能。每台驱动电动机的转速可独立调节控制,便于实现电子差速,既省去了机械差速器,也有利于提高汽车转弯时的操控性。轮毂电动机分散驱动在汽车上的布置方式可以有双前轮驱动、双后轮驱动和前后四轮驱动(4WD)等模式。轮毂式电动机分散驱动方式是未来电动汽车驱动系统的发展方向。

(四)驱动电机工作原理

现阶段的新能源汽车常用的驱动电机包括两种:永磁同步电机及交流异步电机,且大多数新能源汽车采用的是永磁同步电机,只有少部分车辆采用交流异步电机。这两种类型的电机均属于交流电机。

1. 驱动电机的结构

永磁同步电机是驱动系统的执行单元,其结构主要分为4个部分:

(1)电机部分。主要是为车辆提供动力和回收能量并存入动力蓄电池,如图1-19所示,它主要由定子铁芯、转子铁芯、三相绕组、轴及轴承等组成。

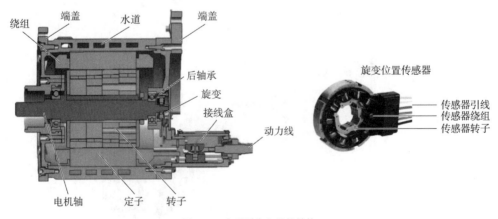

图1-19 永磁同步电机的结构

(2)位置传感器(旋变)部分。主要是检测转子磁极与定子绕组间的空间位置关系,产生位置信号,经过逻辑处理而形成MCU内部功率电子开关元件的触发信号。

(3)温度传感器部分。主要是监测电动机及控制系统的温度,并将温度信号转换成电信号。

(4)散热系统部分。散热系统包括水道、冷却水管接头、前后端盖、机座等,主要作用是降低电动机及控制系统的温度,防止其因温度过高而烧坏。

2. 电机部分

永磁同步电机采用在转子上添加永磁体的方式产生磁场,同时,磁场还可以作为媒介进行机械能和电能相互转换。

永磁同步电机的"同步"是指把永久磁铁转子放在能产生旋转磁场的定子铁芯中,当定子绕组流过电流后,转子将会跟随旋转磁场同步旋转,其转向、转速与旋转磁场的旋转方向和旋转速度一致,即转子的转速与定子绕组的电流频率始终保持一致。因此,通过控制电机的定子绕组输入电流频率,就可以控制汽车的车速。

1)结构

永磁同步电机由定子、转子构成,如图1-20所示。定子采用叠片结构以减小电动机运行时的损耗;转子铁芯大多采用硅钢叠片叠成,不做成实心结构,主要是为了减少涡流及其他损耗,避免高速时转矩降低。

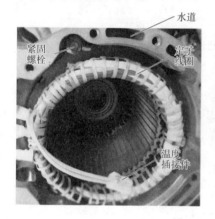
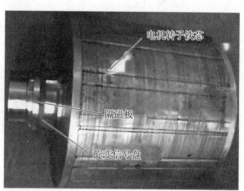

图1-20 永磁同步电机结构

(1)定子。

定子是电动机静止不动的部分,由定子铁芯、定子绕组和机座三部分组成。其主要作用是产生旋转磁场。

三相电机的定子绕组有三个,通常称为三相绕组。一般在书中常用A、B、C来分别表示三相电机的三个定子绕组;在实物上,则习惯用U、V、W来分别表示。

三相绕组一共有六个出线端,把它们做一定方式的连接后才能由三相电源供电。一般有两种连接方法:即星形(Y)连接和三角形(△)连接,如图1-21所示。

①星形(Y)形绕组。

把三个绕组的某三个同名端(都是首端或都是尾端)连接成一端,另三个同名端接到三相电源上,形似星形,如图1-22所示。以380V动力蓄电池为例,每相绕组承受的是电源的相电压(220V)。

采用星形绕组具有以下特点:电流小,发热量小,运行稳定;效率明显优于采用三角形连接绕组；平均转矩要大于三角形连接绕组的平均转矩；总损耗小于三角形连接绕组的总损耗。所以，在电动汽车电机设计中，基本采用星形连接绕组。

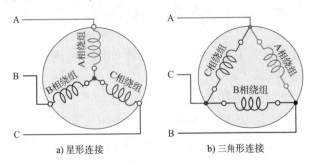

图 1-21　电动机绕组连接方式

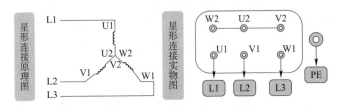

图 1-22　星形（Y）形绕组连接原理图

②三角（△）形绕组。

三角（△）形连接绕组是把三个绕组首尾相连，形似三角形，成闭合回路，如图 1-23 所示。三个端点接到三相电源上，这时每相绕组承受的是电源的线电压（380V）。在三角连接中，三次谐波环流所产生的损耗会使电机效率下降、温升增高，所以电动汽车电机绕组一般不采用三角形连接。

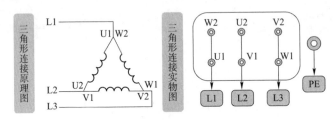

图 1-23　三角形绕组连接原理图

(2) 转子。

永磁同步电机转子主要由轴、轴承、转子铁芯及永磁体挡板等，如图 1-24 所示。根据电动机的制造工艺，转子一般可分为表面式（凸装式）和内置式两种结构类型。

①凸装式（表面式）。

凸装式永磁体磁极安装在转子铁芯圆周表面上，也称为凸装式永磁转子。磁极的极性与磁通走向如图 1-25 所示，根据磁阻最小原理，磁通总是沿磁阻最小的路径闭合，利用磁引力拉动转子

图 1-24　电动机转子的结构

旋转,于是永磁转子就会跟随定子产生的旋转磁场同步旋转。这种结构的制造工艺简单、成本低、应用较广泛,尤其适用于矩形波永磁同步电机。

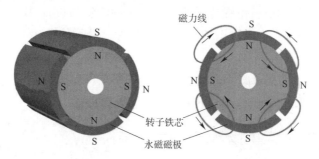

图 1-25　电动机表面式(凸装式)转子的结构

②内置式。

内置式永磁体位于转子内部,每个永磁体都被铁芯包围,如图 1-26、图 1-27 所示,相比其他结构较为复杂,其磁路结构主要分为三种:径向式、切向式、混合式。

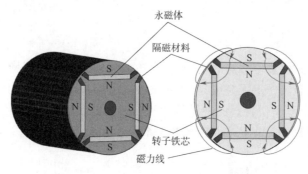

图 1-26　电动机内置式转子的结构

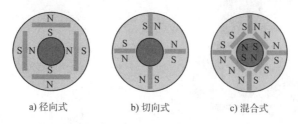

a) 径向式　　　　b) 切向式　　　　c) 混合式

图 1-27　电动机内置式转子的分类

2) 工作原理

永磁同步电机的运行需依靠转子位置传感器检测出转子的位置信号,通过换相驱动电路,来驱动与电枢绕组连接的各功率开关管导通与截止,从而控制定子绕组的通电,在定子上产生旋转磁场,带动转子旋转。

随着转子的转动,位置传感器不断地送出信号,以改变电枢的通电状态,使得在同一磁极下导体中的电流方向不变。因此,就可产生恒定的转矩使永磁同步电机运转起来。

3. 位置传感器部分

电磁式位置传感器简称旋变,是一种输出电压随转子转角变化的信号元件。当励磁绕组以一定频率的交流电压励磁时,输出绕组的电压幅值与转子转角呈正弦、余弦函数关系,或保持某一比例关系,或在一定转角范围内与转角呈线性关系。

旋变器和其他类型的电机位置传感器可用来精确测量角位置,以可变耦合变压器的方式工作,其初级绕组和两个次级绕组之间的磁耦合量随旋转部件(转子)位置而改变;转子通常安装在电机轴上,如图1-28所示。

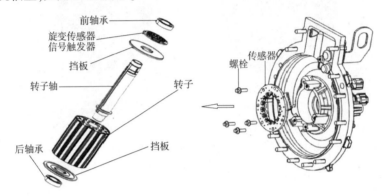

图1-28 电磁式位置传感器安装位置

1)结构

图1-29为旋变式位置传感器的结构图,它主要由转子、定子、线圈、接线端子组成。转子安装在电机轴上,且转子上无绕组,初级和次级绕组均在定子上,转子的凸极(裸露极点)将次级正弦变化耦合至角位置。此种结构为可变磁阻式旋转变压器,信号特点为副方(次级)输出电压与转子转角呈正弦和余弦函数关系。

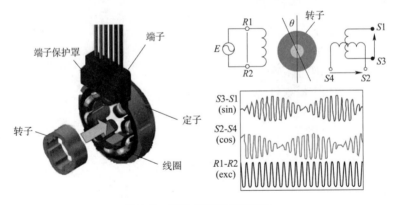

图1-29 旋变式位置传感器结构

注:图1-29右侧为旋变式传感器不同线圈的波形,分别对应的是正弦、余弦、励磁,字母则是线圈两端的电位差。

2)工作原理

对于永磁同步电机调速系统来说,位置信号具有决定作用,因为电机必须工作在位置闭环控制方式下,系统运行绝对依赖于位置信号的准确获取,电机需要通过位置信号来决定哪一相应该导通以及在什么时刻导通和关断。

4. 温度传感器部分

温度传感器用来感受电机及其控制器的温度变化,并把温度信号转换成电子信号输送给电机控制模块。

常用的温度传感器主要有热电耦式温度传感器、热敏电阻式温度传感器、数字温度传感器（RTD）、半导体温度传感器（IC）四种类型，而常用的为热敏电阻式温度传感器，它是一种随着温度变化其电阻值发生变化的传感器。热敏电阻共有两种变化类型：一种是正温度系数，即温度升高，阻值增加；另外一种为负温度系数，即温度升高，阻值减小。

电机温度传感器主要由热敏电阻晶体、烧结电极、引线、定子铁芯等部件组成，如图1-30所示。

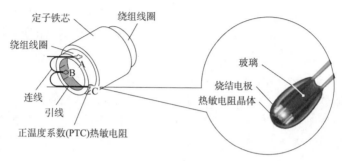

图1-30　电机温度传感器结构

5. 散热系统部分

驱动电机散热系统的主要作用是冷却绕组线圈，防止其温度过高而烧毁。绕组线圈在电机定子上缠绕紧贴电机外壳，所以驱动电机冷却系统水道设计在金属壳内，其主要结构包括冷却液通道、冷却液管接头、前后端盖及机座等，如图1-31所示。

驱动电机冷却管路和电机控制单元（Motor Control Unit，MCU）、DC/DC变换器、车载充电机冷却管路串联，即冷却液从散热器下部出来，经水泵加压后进入充配电管理单元[车载充电机（On Board Charge，OBC）或DC/DC变换器]，从充配电管理单元出水

图1-31　驱动电机冷却系统结构

口出来的冷却液再进入MCU内部，从驱动电机控制器MCU出水口出来的冷却液再进入电机的进水口，从电机出水口出来的冷却液回流到散热器进水口，经散热器风扇冷却后再通过水泵进入冷却系统循环。这种方式主要是为了保证电控制系统的冷却需求，使电控制系统得到冷却系统温度最低的冷却液。

图1-32　MCU安装位置

（五）MCU的结构和工作原理

驱动电机控制器是永磁同步电机的控制大脑，它综合位置传感器、温度传感器、电流传感器所提供的电机转子位置、温度、速度和电流等反馈信息及外部输入的命令，通过程序进行分析处理，决定控制方式及故障保护等，向功率变换器发出执行命令，控制永磁同步电机运行。图1-32所示

为 EV 系列 MCU 安装在充配电管理单元以及 PTC 热敏电阻下部的位置图。

1. 驱动电机控制器结构

驱动电机控制器既能将动力蓄电池中的直流电转换为交流电以驱动电机,同时在车辆制动或滑行阶段,能将车轮旋转的动能转换为电能(交流电转换为直流电)给动力蓄电池充电;它采用控制器域网(Controller Area Network,CAN)与其他模块进行通信,控制动力蓄电池组到电机之间能量的传输,同时采集电机位置信号和三相电流检测信号,精确地控制驱动电机运行。

驱动电机控制器内部包含一个 DC/AC 逆变器、冷却管路和主控单元,逆变器由绝缘栅双极晶体管(Insulate-Gate Bipolar Transistor,IGBT)、直流母线电容、驱动和控制电路板等组成,实现直流(可变的电压、电流)与交流(可变的电压、电流、频率)之间的转化;驱动电机控制器还包含冷却器(通过冷却液),给电子功率器件散热。

驱动电机控制器外部主要为高压及低压连接线束以及冷却液管路接口。驱动电机控制系统主要包括主控制单元,速度、位置检测单元,电流、电压检测单元,功率变换器,通信单元和驱动电机控制器电源六大部分。

1) 主控制单元

主控制单元是驱动电机控制器的核心,如图 1-33 所示,其作用是综合处理速度指令、速度反馈信号及电流传感器、位置传感器、温度传感器的反馈信息,控制功率变换器中主开关器件的通断,实现对电机运行状态的控制。

2) 速度、位置检测单元

位置传感器向驱动电机控制器提供转子位置及速度、方向等信号,使驱动电机控制器能正确地决定各相绕组的导通和截止的时刻。通常采用光电元件、霍尔元件或电磁线圈进行位置检测。例如,脉冲宽度调制(Pulse Width Modulation,PWM)速度、位置检测单元采集到的转子位置及速度等信号,通过相应信号逻辑转换后,由电机控制器发出正确的指令决定各相绕组的

图 1-33 驱动电机控制系统主控制单元

导通和截止的时刻。如果速度、位置检测单元发生故障,电机控制器对电机主轴的运动速度和转子位置精度的控制都会出现偏差,将影响整个系统正常工作。

3) 电流、电压检测单元

电流、电压检测单元的主要作用有以下两点:

(1) 将检测得到的实时电流作为电流调节的控制参量,在起动、低速运行和加速运行时进行电流调节和导通角度的限制。

(2) 监测功率变换电路,判断电路是否存在过流、过压、欠压故障,以便进行过流、过压、欠压保护和故障处理。

常用的电流、电压检测方法是通过电阻采样或进行霍尔采样。电阻采样功耗高,且检测灵敏度较低,此外对电流检测的线性度不好;而霍尔采样相对来说灵敏度更高,本身还有自

保护功能,因而适用更广。

4) 功率变换器

功率变换是指能有效地将直流供电电源的能量转换为负载所需要的交流电能量,如图 1-34 所示。

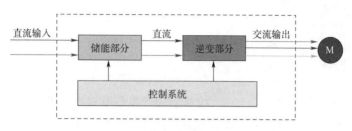

图 1-34　驱动电机控制系统功率变换器

功率变换技术是一门新兴的应用于电力领域的电子技术,就是使用电力电子器件对电能进行变换和控制的技术,这些电力电子器件包括晶闸管(又称晶体闸流管或可控硅整流器、可控硅)、门极可关断晶闸管(GTO)、IGBT、金氧半场效晶体管(MOSFET)。功率变换技术所变换的"电力"功率可大到数百兆瓦甚至吉瓦,也可以小到数瓦甚至 1W 以下,其中以 IGBT 使用较多。

功率变换器是连接电源和电动机绕组的开关部件,通过它将电源能量送入电机,也可将电机内的磁场储能反馈回电源,其功率变换电路所用的开关部件有快速 IGBT 模块、续流二极管、逆变器电流传感器,如图 1-35 所示。

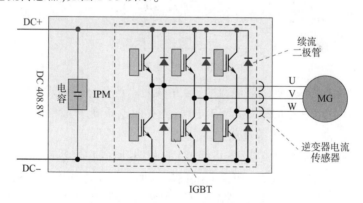

图 1-35　驱动电机控制系统功率变换器结构

(1) IGBT 和 IGBT 模块。

① IGBT。

IGBT 是由双极结型晶体管(Bipolar Junction Transistor,BJT)和绝缘栅型场效应管(Metal Oxide Semiconductor,MOS)组成的复合全控型电压驱动式功率半导体器件,兼有 MOSFET 的高输入阻抗和 GTR 的低导通压降两方面的优点。GTR 饱和压降低,载流密度大,但驱动电流较大;MOSFET 驱动功率很小,开关速度快,但导通压降大,载流密度小。IGBT 正好综合了以上两种器件的优点,驱动功率小而饱和压降低,非常适合应用于直流电压为 600V 及以上的变流系统,如交流电机、变频器、开关电源、照明电路、牵引传动等领域。

②IGBT 模块。

IGBT 模块是由 IGBT 与续流二极管芯片通过特定的电路桥接封装而成，封装后的 IGBT 模块直接应用于变频器、不间断电源（Uninterrupted Power Supply，UPS）等设备上。

IGBT 模块具有节能、安装维修方便、散热稳定等特点，当前市场上销售的多为此类模块化产品，一般所说的 IGBT 也指 IGBT 模块。图 1-36 所示为 IGBT 和 IGBT 模块实物图。

a) IGBT 　　b) IGBT 模块

图 1-36　IGBT 和 IGBT 模块实物图

（2）续流二极管。

续流二极管由在电路中起到续流的作用而得名，如图 1-37 所示。一般选择快速恢复二极管或者肖特基二极管来作为"续流二极管"，它在电路中用来保护元件不被感应电压击穿或烧坏，以并联的方式连接到产生感应电动势的元件两端，并与其形成回路，使其产生的高电动势在回路以续电流方式消耗，从而起到保护电路中的元件不被损坏的作用。

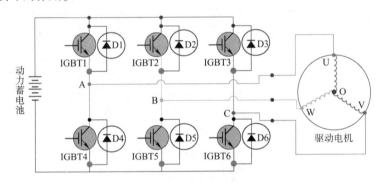

图 1-37　续流二极管电路结构图

大电感负载（电机线圈）在通过电流时，会在其两端产生感应电动势；而当电流消失时，其感应电动势会对电路中的元件产生反向电压，当反向电压高于元件的反向击穿电压时，会对元件如三极管、晶闸管、IGBT 等造成损坏。

续流二极管并联在大电感负载（电机线圈）的两端，所以在这些反向电压通过续流二极管和线圈构成的回路做功，将电压（电流）消耗掉，从而保护了电路中的其他元件的安全。

在电机控制电路中，续流二极管还作为整流二极管使用，将电机输出的交流电整流为直流电，输送至动力蓄电池，为动力蓄电池充电。

5）通信单元

驱动电机控制器根据转矩需求信号（加速踏板位置传感器）、制动开关（踏板）信号、前进（前进挡）、倒车（倒车挡）、电机转速（旋变）、电机转子位置（旋变）、电机温度等信号控制电机转速、电机旋转方向，同时发出冷却系统起动请求、故障保护请求（过流、过压、高温等）等。

在电动汽车整车动力系统管理中，整车控制器（Vehicle Control Unit，VCU）是信息控制的中心，负责信息的组织与传输、网络状态的监控、网络节点的管理、信息优先权的动态分配以及网络故障的诊断与处理等功能。通过 CAN 总线协调动力蓄电池管理系统、电机控制系统、空调系统、车身防盗等模块相互通信。

6）驱动电机控制器电源

驱动电机控制器电源有两路,都通过 IG 继电器的输出电源,由熔断丝至 MCU 的端子给 MCU 提供点火开关(信号)电源以及功率电源。

由于 EV 系列整车控制电源的特殊需求,MCU 既要参与打开点火开关后的工作及 CAN 通信,还要满足车辆在点火开关关闭后充电时驱动电机控制器 MCU 工作及 CAN 通信需求,所以,MCU 的电源作用就是保证在这两个状态时 MCU 能正常启动及 CAN 通信。如果此电源出现故障,将导致 MCU 启动及 CAN 通信失败,致使整车高压上电失败。

2. 驱动电机控制器 MCU 的工作原理

1）调速、调矩原理

电机调速的任务是控制转速,转速通过转矩来改变,若能快速准确地控制转矩,就能很好地控制转速,因此调速的关键是对转矩的控制。转矩与绕组中流过的电流及其作用位置有关,对电流的控制实际就是对转矩的控制。电流越大,电磁力矩就越密集,从而推动转矩变大。转矩变大了,转速自然而然地就变大了。

2）驱动电机发电原理

在发电状态时,利用主控板的控制信号将功率主电路上半桥的功率管 IGBT1、IGBT2、IGBT3 全关闭,而下半桥的功率管 IGBT4、IGBT5、IGBT6 分别按一定规律进行 PWM 控制。由于上半桥续流二极管的存在,其等效电路似同一个半控整流电路。

另外,因电动汽车的电源是蓄电池,电机在进入发电工作时,其发电电压必须高于蓄电池电压才能给蓄电池供电,所以发电运行的控制方法是采用半控整流的 PWM 升压工作原理,即产生泵升电压,当泵升电压高于蓄电池的端电压时就能充电,这一过程全部由 MCU 控制。

在驱动电机控制过程中,电动机的降速和停机是通过逐渐减小频率来实现的,在频率减小的瞬间,电机的同步转速随之下降,而由于机械惯性(车辆惯性)的原因,电机的转子转速未变,当同步转速小于转子转速时,转子电流的相位几乎改变了 180°,电机从电动状态变为发电状态;与此同时,电机轴上的转矩变成制动转矩,使电机的转速迅速下降,电机处于再生制动状态。电机再生的电能经续流二极管全波整流后反馈到直流电路,通过控制器本身的电容、电感吸收,使电容、电感短时间电荷堆积,形成"泵升电压",促使电压升高。

3. 驱动电机控制系统功能

根据车辆运行的不同情况,包括挡位、车速、动力蓄电池荷电状态(State of Charge,SOC)值、加速踏板位置传感器、制动开关、温度等在内的众多值来决定电机输出转矩、功率及旋转方向,同时根据辅助电气信息及充电状态信息来控制车辆运行。主要控制功能如下:

(1)参与高压上电控制。

驱动电机及控制器是整车高压用电的主要设备,其安全性尤为重要。在整车高压上电过程中,整车控制系统必须查询及接收到驱动电机及控制器性能正常的信息后,才会对高压上电进行控制。

如果驱动电机及控制器性能异常,整车控制系统将启动保护功能,停止高压上电流程,

防止事故发生。

(2) 换挡控制。

挡位管理关系到驾驶人的安全。挡位管理可正确理解驾驶人意图,以及正确识别车辆挡位,在基于模型开发的挡位管理模块中得到很好的优化。它能在出现故障时作出相应处理保证整车安全,在驾驶人出现挡位误操作时通过仪表等提示驾驶人,使驾驶人能迅速纠正。

(3) 驾驶人意图解析。

MCU对驾驶人操作信息及控制命令进行分析处理,也就是将驾驶人的加速踏板信号和制动踏板信号根据某种规则转化成驱动电机的需求转矩命令。因此,驱动电机对驾驶人操作的响应性能完全取决于整车控制的加速踏板信号解析结果,这直接影响驾驶人的控制效果和操作感觉。

当驾驶人踩下加速踏板或制动踏板时,驱动电机则要输出一定的驱动功率或再生制动功率。踏板开度越大,驱动电机的输出功率越大。因此,MCU要合理解析驾驶人操作,接收整车各子系统的反馈信息,为驾驶人提供决策反馈;对整车各子系统发送控制指令,以保证车辆的正常行驶。

(4) 驱动控制。

根据驾驶人对车辆的操纵输入(加速踏板、制动踏板以及选挡开关)、车辆状态、道路及环境状况,经分析和处理,向MCU发出相应的指令,控制电机的驱动转矩来驱动车辆,以满足驾驶人对车辆的动力性要求。同时,根据车辆状态,向MCU发出相应指令,保证车辆的安全性、舒适性。

车身电子稳定系统(Electronic Stability Program,ESP)能够识别车辆起步、加速及航向偏移时车轮运动状态,通过干预动力管理控制或者施加车轮制动,控制车轮滑转率,保证车辆的驱动稳定性和舒适性。

ESP为自动开启状态,驾驶人可以通过面板上的"ESP OFF"开关进行关闭。功能开启状态下,在车辆起动或加速时,系统自动监控驱动轮的滑转率,超过设定值范围时,系统通过降低动力输出转矩或对车轮进行液压制动,防止车轮打滑以致侧向附着力降低;低于设定值范围时,增加动力输出(不高于驾驶人需求)和降低制动力矩;系统监测到故障时,ESP会立即关闭;当驾驶人需求转矩小于可能的输出转矩时,ESP对动力输出的干预会立即停止。

系统上电时,会进行自检,此时仪表指示灯常亮,几秒后若无故障则熄灭;ESP失效时,仪表上黄色ESP故障灯会点亮,若故障不排除,故障灯会一直点亮。故障排除后,在下一点火循环恢复功能。"ESP OFF"开关被按下后,ESP功能关闭,仪表上"ESP OFF"灯常亮。

(5) 上坡辅助功能控制。

电动汽车在坡上起步时,驾驶人从松开制动踏板到踩下加速踏板过程中,会出现整车向后溜车的现象。在坡上行驶过程中,如果驾驶人踩加速踏板的深度不够,整车会出现车速逐渐降到零然后向后溜车现象。为了防止电动汽车在坡上起步和运行时向后溜车现象,在整车控制策略中增加了上坡辅助功能。

上坡辅助功能可以保证整车在坡上起步时,向后溜车小于10cm;在整车坡上运行过程中如果动力不足时,整车车速会慢慢降到零,然后保持零车速,不再向后溜车。

(6)制动能量回收控制。

MCU 根据加速踏板和制动踏板的开度、车辆行驶状态信息以及动力蓄电池的状态信息(如 SOC 值)来判断某一时刻能否进行制动能量回收,在满足安全性能、制动性能以及驾驶人舒适性的前提下回收部分能量。

制动能量
回收控制

(7)车辆状态实时监测和显示。

MCU 应该对车辆的运行状态进行实时检测,并且将系统的信息发送给车载信息显示系统(组合仪表),其过程是通过传感器和 CAN 总线,最终将状态信息和故障诊断信息通过车载信息显示系统(组合仪表)显示出来。

(8)行车控制分级。

根据车辆状态信息,确定车辆运行模式,主要包括正常模式、跛行模式和停机保护模式。

(9)热管理控制。

驱动电机和电机控制器工作电流大,产热量大,同时系统处于封闭的空间,就会导致驱动电机和 MCU 的温度上升,如果温度过高,将导致驱动电机功率下降,电机线圈和 MCU 内部 IGBT 功率管烧毁,车辆无法正常运行。为了保证驱动电机和控制系统良好的工作性能,专门为驱动电机和控制器提供了一套冷却系统及热管理系统。

冷却系统的主要组成包括散热器、冷却风扇、控制单元、温度传感器和高压模块水泵。冷却风扇设置于散热器进风端。电动汽车的驱动电机、电机控制器分别设置有散热器(板),散热器(板)分别通过管道串联于散热器的进水端与出水端之间,驱动电机、电机控制器的散热器(板)上均设置有温度传感器;高压模块水泵分别串联于 MCU、OBC、驱动电机的散热器冷却液支路上,恒速运行;水泵、冷却风扇连接于 VCU,电机温度传感器连接 MCU。

高压模块水泵由车身控制模块(Body Control Module,BCM)通过 IG3 继电器控制,打开点火开关后低压上电,IG3 继电器工作,高压模块水泵开始恒速运转,电控系统冷却液开始流动。

风扇采用高低速控制策略,能够根据 IGBT 温度、驱动电机温度控制转速,当它们温度较低时,关闭冷却风扇以节约电能;当温度稍高时,以一个较低的风扇转速对散热器进行冷却;当温度高时,冷却风扇全速运行,以获得最大的散热量,避免散热系统的温度过高。

二、任务实施

(一) 工作准备

1. 作业场地

选择带有消防设施的作业场地。

2. 设备设施

实训车辆、举升机。

3. 工量辅具

手电筒、车轮挡块。

(二)实施步骤

1. 实施步骤查看电机控制器

(1)放置车轮挡块,打开前机舱盖,铺设翼子板三件套。
(2)关闭点火开关,断开蓄电池负极。
(3)在实训车辆上找到电机控制器,如图1-38所示。

图1-38 电机控制器

(4)查看电机控制器低压控制插头。
(5)查看电机控制器高压直流输入线束。
(6)查看电机控制器三相高压线束。
(7)查看电机控制器冷却管路。

2. 查看驱动电机

(1)查看驱动电机低压控制插头。
(2)查看驱动电机高压直流输入线束。
(3)查看驱动电机三相高压线束。
(4)查看驱动电机冷却管路。
(5)举升车辆,从车辆底部查看驱动电机。

3. 查看减速器总成

查看减速器总成外观。

4. 查看冷却系统各部分位置

(1)沿着冷却管路,查看冷却水泵。
(2)查看冷却液补偿水桶。
(3)查看散热水箱风扇。

任务3 储能系统认知

任务描述

在电动汽车中,储能系统主要负责储存电能。请观察身边的纯电动汽车,并通过对车辆储能系统的观察,记录其基本信息,并填写相应的任务工单。

一、知识准备

(一)储能系统的作用

储能系统是一个可完成存储电能和供电的系统。新能源汽车的储能系统是目前电动汽车能量输出的主要单元,其运行的安全性及可靠性极其重要。

项目一 纯电动汽车认知

(二) 储能系统的组成

储能系统由动力蓄电池和动力蓄电池管理系统构成。图1-39所示为动力蓄电池包。

图1-39 动力蓄电池包

1. 动力蓄电池

动力蓄电池负责给整车的运行提供必要的能量,包括驱动系统、转向、制动系统等,一般安装在车辆底部,如图1-40所示。

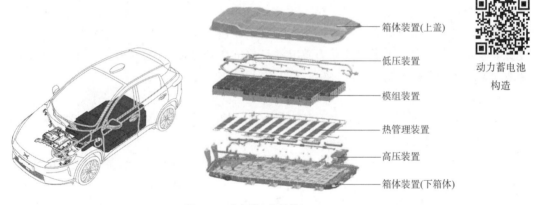

图1-40 动力蓄电池结构

1) 箱体装置

动力蓄电池箱体的防护等级一般为IP67(防护灰尘吸入、防护短暂浸泡)。下壳体采用高强度铝合金,设有加强边框,能够有效预防汽车碰撞和底部异物撞击。上壳体采用高强度工程塑料,绝缘阻燃,耐腐蚀性好、隔热性能佳。

2) 低压装置

动力蓄电池的低压装置包括采样线束(电压、温度、电流采集)、维修开关、接触器、电流传感器、电路板(含电压采样、温度采样)、连接线束等,用于对动力蓄电池的信息进行采集和控制。

3) 模组装置

动力蓄电池的模组装置可以分为三层:蓄电池单体、蓄电池模块、蓄电池模组。

动力蓄电池单体:构成动力蓄电池的基本单元,即电芯。一般由正极、负极、电解质及外壳等构成,实现电能与化学能之间的直接转换。根据蓄电池反应原理的不同,可分为铅酸动

29

力蓄电池、镍氢动力蓄电池、锂离子动力蓄电池等;根据蓄电池形状的不同,可分为方形单体动力蓄电池和圆形单体动力蓄电池,如图 1-41 所示。

动力蓄电池模块:一组串联或并联的蓄电池单体的组合,是蓄电池单体在物理结构和电路上连接起来的最小分组,可作为一个单元替换,如图 1-42 所示。

a) 方形单体动力蓄电池　　b) 圆形单体动力蓄电池

图 1-41　动力蓄电池单体　　　　　　图 1-42　动力蓄电池模块

动力蓄电池模组:由多个蓄电池模块或单体电芯串联组成的一个组合体,为电动汽车提供能量。

4) 热管理装置

动力蓄电池工作电流大,产热量大,同时蓄电池包处于一个相对封闭的环境,因此会导致蓄电池的温度上升。为了保证动力蓄电池良好的工作性能,专门为动力蓄电池提供了一套冷却系统及热管理系统。

5) 高压装置

储能系统的高压装置是指动力蓄电池系统内部的高压器件,包括主正继电器、预充继电器、预充电阻、主负继电器、高压熔断器等。

(1) 主正继电器,如图 1-43 所示,由动力蓄电池管理系统(Battery Management System,BMS)控制,作用是接通/断开动力蓄电池正极。

(2) 预充继电器,由 BMS 控制,作用是接通/断开动力蓄电池预充正极。车辆在高压上电时,为了缓解对高压系统各部件的冲击,先吸合预充继电器。动力蓄电池包的高压电经过预充继电器串联的预充电阻,如图 1-44 所示。当高压母线上的电压达到动力蓄电池包电压的 80% 时,预充继电器断开,主继电器吸合。

图 1-43　高压继电器　　　　　　　　图 1-44　预充电阻

(3)主负继电器,由整车 BMS 控制,用于接通/断开动力蓄电池负极。

(4)高压熔断器,如图 1-45 所示,作用是防止放电过电流,防止能量回收过电流。高压熔断器内部是银熔断片和石英砂,具有快速熔断的特点,一般规格为 250A、500V。带有维修开关的纯电动汽车,高压熔断器装在检修开关内,如图 1-46 所示,方便更换。

图 1-45　高压熔断器　　　　图 1-46　检修开关

2. 动力蓄电池材料

目前电动汽车上使用较多的锂离子动力蓄电池,按正极材料分类有钴酸锂、三元锂、锰酸锂、磷酸铁锂,负极材料为石墨。不同正极材料动力蓄电池性能不同,见表 1-10。

不同正极材料动力蓄电池性能对比　　　　表 1-10

项目	钴酸锂	锰酸锂	磷酸铁锂	三元锂蓄电池材料	
				NCM	NCA
循环寿命/次	500～1000	500～2000	>2000	800～2000	1500～2000
低温性能	好	好	一般	好	好
高温性能	好	差	好	一般	差
安全性	差	较好	好	较好	较差
优点	充放电稳定 制备工艺简单	锰来源丰富 成本低安全性高	成本低 安全性高	电化学性能好 能量密度高	能量密度高
缺点	钴价格高 成本不可控	能量密度低 相容性差	能量密度低 产品一致性差	部分金属价格昂贵	
应用领域	电子产品	专用车辆	商用车	乘用车	

综合比较不同正极材料动力蓄电池,其性能不同,如图 1-47 所示。

3. 动力蓄电池管理系统(BMS)

动力蓄电池管理系统是管理动力蓄电池单元并且实时监测当前电压、电流、温度等信息,并与整车实现 CAN 通信,确保能源的安全供给,实现有效的高压电安全管理和故障报警功能。BMS 主要具有以下功能:

(1)数据采集。

BMS 的所有算法都是以采集的动力蓄电池数据作为输入,主要采集动力蓄电池的电流、电压、温度等信息。

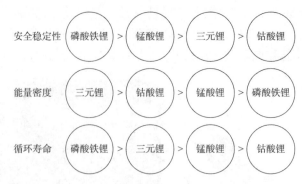

图1-47 不同正极材料动力蓄电池性能排序

（2）动力蓄电池状态计算。

动力蓄电池状态计算包括动力蓄电池电池组荷电状态（SOC）和动力蓄电池组健康状态（State of Health, SOH）两方面。SOC用来提示动力蓄电池组剩余电量，是计算和估计电动汽车续驶里程的基础。SOH用来提示动力蓄电池技术状态，预计可用寿命等健康状态的参数。

（3）能量管理。

能量管理主要包括以电流、电压、温度、SOC和SOH为输入进行充电过程控制，以SOC、SOH和温度等参数为条件进行放电功率控制两个部分。

动力蓄电池
安全管理

（4）安全管理。

监视动力蓄电池电压、电流、温度是否超过正常范围，防止动力蓄电池组过充、过放。现在，在对动力蓄电池组进行整组监控的同时，多数动力蓄电池管理系统已经发展到对极端单体蓄电池进行过充电、过放电、过热等安全状态管理。

（5）热管理。

在动力蓄电池工作温度超高时进行冷却，低于适宜工作温度下限时进行动力蓄电池加热，使动力蓄电池处于适宜的工作温度范围内，并在动力蓄电池工作过程中总保持电池单体间温度均衡。对于大功率放电和高温条件下使用的动力蓄电池，动力蓄电池的热管理尤为必要。

（6）均衡控制。

由于动力蓄电池的一致性差异导致动力蓄电池组的工作状态是由最差蓄电池单体决定的。在动力蓄电池组各个蓄电池之间设置均衡电路，实施均衡控制是为了使各单体蓄电池充放电的工作情况尽量一致，提高整体动力蓄电池组的工作性能。

（7）通信功能。

通过动力蓄电池管理系统实现动力蓄电池参数和信息与车载设备或非车载设备的通信，为充放电控制、整车控制提供数据依据是动力蓄电池管理系统的重要功能之一。

4. 动力蓄电池热管理系统

动力蓄电池作为汽车的动力源，温度对动力蓄电池的性能影响比较大，包括动力蓄电池的内阻、充电性能、放电性能、安全性、寿命等。动力蓄电池热管理就是在蓄电池系统中温度过高时，对系统进行降温；在温度过低时，对系统进行升温；在特殊情况下，譬如停车等待过程中,要对系统进行保温。根据热管理的不同应用场合和功能,分为冷却系统、加热系统和保温系统。

1)冷却系统

冷却系统是动力蓄电池热管理系统中最重要的组成部分。一般铅酸铁锂蓄电池的环境温度为 -20~60℃。蓄电池在充放电过程中会不断地产生热量,蓄电池系统内部温度很容易超过这一范围,因此一般的蓄电池系统都需要引入冷却系统。

根据冷却介质的不同,冷却系统通常可分为空气冷却和液体冷却。液体冷却散热能力较强,但结构也更复杂。

除了根据冷却介质区分冷却系统以外,冷却系统也常常分为主动冷却和被动冷却两种形式。通常被动冷却系统直接将蓄电池内部的热空气排出车体,而主动冷却系统通常具有一个内循环系统,并且根据蓄电池系统内部的温度进行主动调节,以达到最大散热能力。

2)加热系统

锂离子蓄电池在冬季应用时需进行系统加热,目前,蓄电池系统加热方式分为内部加热和外部加热。内部加热通过电芯内部设计,利用电阻或化学反应产热进行加热,但容易引起蓄电池性能衰减。外部加热通过连接加热组件进行产热升温,其中液体加热和加热膜加热应用最为广泛,容易实现且相对安全。外部加热主要有以下几种方式:

(1)热风加热。热风加热有两种方式:一是引入外部热风,这种方式对蓄电池箱及管道等的密封性要求比较高,而且热量散失比较大,能量效率直接与气体流速、进出风口温度等有关。二是在蓄电池箱内部热风循环,配合其他加热装置(如 PTC 加热器)。加热器通电产生热量,风扇将吹向散热器形成热气流,在蓄电池箱内部形成热空气内循环。

(2)液体加热。液体加热方法是在外部或蓄电池箱内将液体加热,使其流经蓄电池周围实现对蓄电池加热。通常液体加热方式蓄电池组的加热与散热两者功能是结合在一起的。

(3)PTC 加热。PTC 加热器由 PTC 陶瓷发热元件与铝管组成。PTC 发热体热阻小、换热效率高达 99%,安全性好,任何应用情况下均不会产生过热现象。与风扇结合使用,即遇风机故障停转时,PTC 加热器因得不到充分散热,其功率会自动急剧下降,不会导致持续大功率发热而出现的安全问题。

(4)加热膜加热。加热膜有两种组成方式,一种是采用金属箔作为发热元件,也可以与其他导热材料(如导热硅胶等)组合使用,做成厚度较大、更可靠的加热膜;另一种则是以合金丝等作为发热元件。加热膜成型性好,厚度薄、质量轻、柔性好,可贴在蓄电池壳体上,传热效率更高而且能量损失更小;通电发热迅速、温升快、发热面大、发热均匀,有利于蓄电池箱内部温度一致性。

5. 保温系统的基本构成与功能

保温系统与加热系统的功能有点类似,但是严格地讲又有区别。保温系统更多的情况下是为了满足短期内蓄电池系统内部温度热环境在正常区间内。例如,在冬天低温下,电动汽车临时停车 2h 后再工作,那么,在 2h 时间内,必须要有保温系统的作用,以防止蓄电池系统内部温度过快地下降造成的影响。保温系统设计通常采用保温材料或者保温漆等,起到隔绝的作用,防止蓄电池系统内部温度过快地散发。

(三)动力蓄电池的性能指标

动力蓄电池作为汽车的动力源,在汽车上发挥重要作用,评价动力蓄电池性能主要看性能指标。

1. 电压(V)

(1)开路电压:蓄电池在没有连接外电路或者外负载时的电压。开路电压与蓄电池的剩余能量有一定的联系,电量显示就是利用这个原理。

(2)额定电压:蓄电池在标准条件下工作时达到的电压。

(3)工作电压:蓄电池在工作状态下(即电路中有电流流过时)蓄电池正负极之间的电势差,又称负载电压。在蓄电池放电工作状态下,当电流流过蓄电池内部时,必须克服内阻的阻力,故工作电压总是低于开路电压。

(4)放电电压:蓄电池接通负载后在放电过程中显示的电压。

(5)放电终止电压:蓄电池充满后进行放电,放完电时达到的电压(若继续放电则为过度放电,对蓄电池寿命和性能有损伤)。

(6)充电限制电压:充电过程中由恒流变为恒压充电的电压。

2. 容量(A·h)

(1)容量定义:单位体积或质量蓄电池所能给出的理论容量。容量是指蓄电池所能够储存的电量多少,是蓄电池电性能的重要指标,它由电极的活性物质决定,容量用 C 表示,单位用安时(A·h)或者毫安时(mA·h)表示。

例如:容量为10A·h 的蓄电池,以5A 电流放电可放2h,以10A 电流放电可放1h。

(2)实际容量:蓄电池在一定条件下的输出能力。实际容量越大,车辆续驶里程越长,实际容量大于额定容量为合格的蓄电池。蓄电池的实际容量主要取决于活性物质的数量、质量以及活性物质的利用率。

(3)标称容量:用来鉴别蓄电池的近似安时(A·h)值。

(4)额定容量:按国家和有关部门标准,保证电流在一定发电条件下,应该放出的最低限度容量,一般由制造商给定。

(5)荷电状态。荷电状态(SOC)是蓄电池在一定放电倍率下,剩余电量与相同条件下额定容量的比值,反映蓄电池容量的变化。SOC=1 即表示蓄电池充满状态。随着蓄电池的放电,蓄电池的电荷逐渐减少,此时蓄电池的充电状态,可以用 SOC 的百分数的相对量来表示蓄电池中电荷的变化状态。一般蓄电池放电高效率区间为50%~80%。

3. 内阻(mΩ)

(1)定义:蓄电池的内阻是指蓄电池在工作时,电流流过蓄电池内部受到的阻碍作用。内阻大小受蓄电池的材料、制造工艺、蓄电池结构等因素的影响。内阻越大,蓄电池工作内耗越大,蓄电池效率越低。

(2)分类:蓄电池内阻包括欧姆内阻和极化内阻,欧姆内阻由电极材料、电解液、隔膜电阻及各部分零件的接触电阻组成,极化内阻包括电化学极化与浓差极化引起的电阻。

(3)影响因素:蓄电池内阻是一个非常复杂而又非常重要的特性,影响内阻的因素有材料、制造工艺、蓄电池结构等。

(4)产生结果:由于内阻的存在,当蓄电池放电时,电流经过内阻要产生热量,消耗能量,电流越大,消耗能量越多,所以内阻越小,蓄电池的性能越好,不仅蓄电池的实际工作电压高,消耗在内阻上的能量也少。

4.蓄电池能量(W·h)

(1)定义:蓄电池能量是指蓄电池储存能量的多少,用W·h来表示。

(2)公式:

$$能量(W·h) = 额定电压(V) \times 工作电流(A) \times 工作时间(h) \qquad (1-1)$$

例如,3.2V 15A·h单体蓄电池的能量为48W·h。

(3)理论能量:蓄电池的理论容量与额定电压的乘积。

(4)实际能量:蓄电池实际容量与平均工作电压的乘积。

蓄电池能量是衡量蓄电池带动设备做功的重要指标,容量不能决定做功的多少。

5.能量密度

能量密度是指从蓄电池的单位质量或单位体积所获取的电能,用W·h/kg、W·h/L来表示。

例如,某锂蓄电池质量为325g,额定电压为3.7V,容量为10A·h,则其能量密度约为113.8W·h/kg。常见蓄电池能量密度见表1-11。

常见蓄电池能量密度   表1-11

常见蓄电池	铅酸蓄电池	镍氢蓄电池	镍镉蓄电池	锂蓄电池
质量能量密度(W·h/kg)	30~50	50~60	60~70	130~150
体积能量密度(W·h/L)	50~80	130~150	190~200	350~400

6.功率与功率密度

(1)功率是指蓄电池在一定放电条件下,单位时间内蓄电池输出的能量,单位是W或kW。

(2)功率密度是指从蓄电池的单位质量或单位体积所获取的输出功率,用W/kg、W/L表示。功率密度是评价蓄电池是否满足电动汽车加速和爬坡能力的重要指标。

7.放电倍率

放电倍率是指以放电电流的数值对额定容量数值的倍率表示的放电率。例如,额定容量为10A·h的蓄电池以2A放电,则放电倍率为0.2C;以20A放电,则放电倍率为2C。

8.充电方式

(1)恒流/恒压充电:恒流(CC)充电即以固定的电流对蓄电池充电;恒压(CV)充电即以固定的电压对蓄电池充电,充电电流会随着蓄电池接近充满逐渐下降。

(2)涓流充电:以小于0.1C的电流对蓄电池充电,一般在蓄电池接近充满电时,进行补本充电时采用。若蓄电池对充电时间没有严格要求,建议采用涓流充电方式充电。

(3)浮充电:随时对蓄电池用恒压充电,使其保持一定的荷电状态。常见蓄电池的充电方式见表1-12。

常见蓄电池充电方式 表1-12

常见蓄电池	铅酸蓄电池	镍氢蓄电池	镍镉蓄电池	锂蓄电池
充电方式	先恒流后恒压	恒流	恒流	先恒流后恒压
控制方式	电压2.3V	恒温	恒温	电压4.2V

9. 荷电状态与放电深度

荷电状态(SOC):当前蓄电池中按照规定放电条件可以释放的容量占可用容量的百分比。

放电深度(Depth of Discharge,DOD):表示蓄电池放电状态的参数,等于实际放电容量与额定容量的百分比。

深度放电(Deep Discharge,DD):表示蓄电池50%或更大的容量被释放的程度。DOD = 100% − SOC。例如,容量为10A·h的蓄电池,放电后容量变为2A·h,即DOD为80%;容量为10A·h的蓄电池,充电后容量为8A·h,即SOC为80%。

10. 自放电率

(1)定义:蓄电池在储存过程中,容量会逐渐下降,其减少的容量占额定容量的比例,称为自放电率,用单位时间(月或年)内蓄电池容量下降的百分数来表示。

(2)原因:由于电极在电解液中的不稳定性,蓄电池的两个电极会发生化学反应,活性物质被消耗,产生电能,化学能减少,蓄电池容量下降。

(3)影响因素:环境温度对其影响较大,高温会加速蓄电池的自放电。

(4)表示方法:%/月或%/年。

(5)产生结果:蓄电池自放电将直接降低蓄电池的容量,自放电率直接影响蓄电池的储存性能,自放电率越低,储存性能越好。

若额定容量为75A·h的动力蓄电池经过1年后,容量下降3A·h,则其自放电率 = 3/75 = 4%。

11. 输出效率

动力蓄电池作为储能器,充电时电能转化为化学能储存起来,放电时化学能转化为电能释放出来,在可逆的化学过程中,有能量消耗,因此有输出效率的高低。

12. 循环寿命

(1)定义:在指定的充放电终止条件下,以特定的充放电制度进行充放电,动力蓄电池在不能满足寿命终止标准前所能进行的循环数。

(2)影响因素:蓄电池使用、蓄电池材料、电解质的组成和浓度、充放电倍率、放电深度、温度、制造工艺等。

13. 记忆效应

(1)定义:蓄电池经过长期浅充浅放电循环后,进行深放电时,表现出明显的容量损失和放电电压下降,经数次全充/全放电循环后,蓄电池特性即可恢复的现象。

(2)原因:蓄电池内物质产生结晶,如镍镉蓄电池中,镉不断聚集成团形成大块金属镉,降低了负极的活性。

(3)避免:为了消除蓄电池的记忆效应,在充电之前,必须先完全放电,然后再充电(如镍氢蓄电池)。锂离子蓄电池无记忆效应,可随充随放。

14. 放电平台

放电平台指放电曲线中电压基本保持水平的部分。放电平台越高、越长、越平稳,蓄电池的放电性能越好。

15. 蓄电池组的一致性

多个单体蓄电池串联、并联在一起就组成蓄电池组。蓄电池组的整体性能和寿命取决于其中性能较差的单体蓄电池,这就要求蓄电池组中每个单体蓄电池性能的一致性要高。单体蓄电池本身性能误差的大小、原材料质量的好坏、制造工艺是否先进都能决定蓄电池质量的优劣。

16. 化成

蓄电池制成后,通过一定的充放电方式将其内部正负极活性物质激活,改善蓄电池的充放电性能及自放电、储存等综合性能的过程称为化成。蓄电池经过化成后才能体现其真实的性能。同时化成过程中的分选过程能够提高蓄电池组的一致性,使最终蓄电池组的性能提升。

(四) 锂离子蓄电池

锂离子蓄电池又称锂电池。锂电池相比铅酸蓄电池、镍氢蓄电池,各方面性能均遥遥领先。与镍氢蓄电池相比:额定电压是镍氢蓄电池的3倍、能量密度也是镍氢蓄电池的2.5倍左右,而且体积小、质量轻、循环寿命长、自放电率低、无记忆效应、无污染等。所以,锂电池很快成了混合动力电动汽车和纯电动汽车动力蓄电池的不二选择。

1. 锂电池的组成

锂电池主要由电极、隔膜、电解质和外壳组成,如图1-48所示。

正极主要为含锂的化合物,如钴酸锂(LCO)、锰酸锂(LMO)、磷酸铁锂(LFP)、三元锂(NCM)等。负极材料有石墨材料、无序碳材料、硅碳复合材料、钛酸锂等。隔膜为具有电绝缘特性的物质,将正负极隔开,只允许电解质中的离子通过,主要有单层PP(聚丙烯)、单层PE(聚乙烯)、双层PP/PE等。电解质通常由有机溶液、电解质锂盐和必要的添加剂等原料在一定条件下按比例配制而成。外壳采用钢壳或铝塑膜外壳,铝塑膜外壳由耐磨层、铝层、防腐蚀层和黏结层组成,其中耐磨层是蓄电池的表面,防止蓄电池可能受到的磨损,同时也起到密封作用,防止水分进入蓄电池。

图1-48 锂电池的组成

2. 锂离子动力蓄电池原理

锂离子动力蓄电池依靠锂离子(Li^+)在正极和负极两个电极之间往返嵌入和脱嵌来工作。锂离子动力蓄电池充电时,锂离子从正极材料的晶格中脱嵌,经过电解质溶液和隔膜到达负极,而作为负极的碳呈层状结构,它有很多微孔,到达负极的锂离子就嵌入碳层的微孔,嵌入的锂离子越多,充电容量越大;锂离子动力蓄电池放电时,锂离子从负极碳层中脱嵌,通过电解质溶液和隔膜重新嵌入正极材料晶格中,回到正极的锂离子越多,蓄电池的放电容量越大,如图1-49所示。

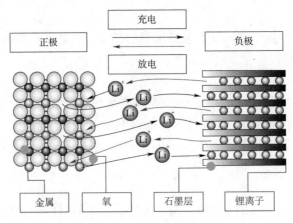

图 1-49 锂离子动力蓄电池的工作原理

在整个充放电过程中,没有金属锂存在,只有锂离子。从充放电的可逆性来看,锂离子动力蓄电池反应是一种理想的可逆反应。锂离子动力蓄电池的电极反应表达式为:

正极反应式:

$$LiMO_2 \rightarrow Li_{1-x}MO_2 + xLi^+ + xe^- \tag{1-2}$$

负极反应式:

$$nC + xLi^+ + xe^- \rightarrow Li_xC_n \tag{1-3}$$

电池总反应式:

$$LiMO_2 + nC \rightarrow Li_{1-x}MO_2 + Li_xC_n \tag{1-4}$$

式中:M——Co、Ni、Mn 等金属。

二、任务实施

(一)工作准备

1. 作业场地

选择带有消防设施的作业场地。

2. 设备设施

实训车辆、举升机。

3. 工量辅具

手电筒、车轮挡块。

(二)实施步骤

1. 查看 BMS 外观及线束

(1)放置车轮挡块,打开前机舱盖,铺设翼子板三件套。

(2)关闭点火开关,断开蓄电池负极。

(3)在实训车辆上找到 BMS,如图 1-50 所示。

(4)检查 BMS 外观。

(5)检查 BMS 低压控制插头。

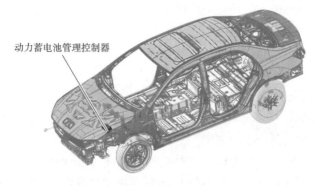

图 1-50　BMS 位置示意图

2. 查看动力蓄电池外观及线束

(1)将车辆开至举升机工位。

(2)升起车辆。

(3)查看动力蓄电池包表面是否有划伤、碰撞凹陷。

(4)查看动力蓄电池包高低压线束是否损伤。

(5)查看动力蓄电池包低压插件是否松动。

(6)查看动力蓄电池包高压插件是否松动。

(7)查看动力蓄电池冷却管路是否有损伤、泄漏。

任务4　充电系统认知

任务描述

我们平时使用电动汽车时,除了驾驶之外,还需要对汽车进行充电。请利用根据身边的实训条件,给电动汽车充电,并通过对车辆充电系统的观察,记录其基本信息,并填写相应的任务工单。

一、知识准备

(一)充电系统的功能

电动汽车充电系统包括交流充电系统、直流充电系统和充电口,具有为电动汽车动力蓄电池安全、自动充满电的能力。充电通常应具有以下功能:

(1)具备高速 CAN 网络与 BMS 通信的功能,判断蓄电池连接状态是否正确;获得蓄电池系统参数及充电前和充电过程中整组和单体蓄电池的实时数据。

(2)可通过高速 CAN 网络与车辆监控系统通信,上传充电机的工作状态、工作参数和故障告警信息,接受启动充电或停止充电控制命令。

充电系统

(3)完备的安全防护措施:
①输入过压、过流保护功能。
②欠压告警功能。
③直流输出过流保护功能。
④直流输出短路保护功能。
⑤输出软启动功能,防止电流冲击。
⑥在充电过程中,充电机能保证动力蓄电池的温度、充电电压和电流不超过允许值;并具有单体蓄电池电压限制功能,自动根据 BMS 的蓄电池信息动态调整充电电流。
⑦自动判断充电连接器、充电电缆是否正确连接。当充电机与充电桩和蓄电池正确连接后,充电机才能允许启动充电过程;当充电机检测到与充电桩或蓄电池连接不正常时,立即停止充电。
⑧充电联锁功能,保证充电机与动力蓄电池连接分开以前车辆不能起动。
⑨高压互锁功能,当有危及人身安全的高电压时,模块锁定无输出。
⑩具有阻燃功能。

(二)电动汽车对充电装置的要求

电动汽车对充电装置的基本要求主要有如下几点:
(1)安全性。电动汽车充电时,要确保人员的人身安全和蓄电池组的安全。
(2)使用方便。充电装置应具有较高的智能性,不需要操作人员过多干预充电过程。
(3)成本经济。成本经济、价格低廉的充电设备有助于降低整个电动汽车的成本,提高运行效益,促进电动汽车的商业化推广。
(4)效率高。高效率是对现代充电装置最重要的要求之一,效率的高低对整个电动汽车的能量效率具有重大影响。
(5)对供电电源污染小。采用电力电子技术的充电设备是一种高度非线性的设备,会对供电网及其他用电设备产生有害的谐波污染,而且由于充电设备功率因数低,在充电系统负载增加时,对其供电网的影响也不容忽视。

(三)电动汽车充电装置的类型

电动汽车充电装置的分类有不同的方法,总体上可分为车载充电装置和非车载充电装置。
(1)车载充电装置是指安装在电动汽车上的、采用地面交流电网或车载电源对蓄电池组充电的装置,包括车载充电机、车载充电发电机组和动能回收充电装置。它将插头的交流动力电缆线直接插到电动汽车的插座中给电动汽车充电。车载充电装置通常使用结构简单、控制方便,它完全按照车载蓄电池的种类进行设计,针对性较强。
(2)非车载充电装置即地面充电装置,安装在电动汽车车体外,将交流电能变换为直流电能,采用传导方式为电动汽车动力蓄电池充电的专用装置。非车载充电装置主要包括专用充电机、专用充电站、通用充电机、公共场所用充电站等,它可以满足各种蓄电池的各种充电方式。

(四)电动汽车充电方法

电动汽车蓄电池充电方法主要有恒(定)流充电、恒(定)压充电和脉冲快速充电三种,可根据具体情况选择一种充电方法或几种方法的组合方法。

1. 恒(定)流充电

恒(定)流充电是指充电过程中使充电电流保持不变的方法。恒(定)流充电的优点是具有较大的适应性,容易将蓄电池完全充足,有益于延长蓄电池的寿命;缺点是在充电过程中,需要根据逐渐升高的蓄电池电动势调节充电电压,以保持电流不变,充电时间也较长。

电动汽车充电方法

恒(定)流充电是一种标准的充电方法,包括如下 4 种充电方法。

(1)涓流充电,即维持蓄电池的满充电状态,恰好能抵消蓄电池自放电的一种充电方法,其充电电率对满充电的蓄电池长期充电无害,但对完全放电的蓄电池充电,电流太小。

(2)最小电流充电,是指在能使深度放电的蓄电池有效恢复电池容量的前提下,把充电电流尽可能地调整到最小的方法。

(3)标准充电,即采用标准速率充电,充电时间为 14h。

(4)高速率(快速)充电,即在 3h 内就给蓄电池充满电的方法,这种充电方法需要自动控制电路保护蓄电池不被损坏。

2. 恒(定)压充电

恒(定)压充电是指充电过程中保持充电电压不变的充电方法,充电电流随蓄电池电动势的升高而减小。合理的充电电压应在蓄电池即将充足时使其充电电流趋于零。如果电压过高会造成充电初期充电电流过大和过充电,如果电压过低则会使蓄电池充电不足。充电初期若充电电流过大,则应适当调低充电电压,待蓄电池电动势升高后再将充电电压调整到规定值。

恒(定)压充电的优点是充电时间短,充电过程无须调整电压,较适合于补充充电。缺点是不容易将蓄电池完全充足,充电初期大电流对极板会有不利影响。

3. 脉冲快速充电

脉冲快速充电是先用脉冲电流对电池充电,然后让蓄电池短时间、大脉冲放电,在整个充电过程中使蓄电池反复充、放电。

(五)电动汽车充电方式

电动汽车充电方式主要包括常规充电方式、快速充电方式、无线充电方式、更换蓄电池充电方式和移动式充电方式。

1. 常规充电方式

常规充电方式是采用恒压、恒流的传统方式对电动汽车进行充电。这种方式以相当低的充电电流为蓄电池充电,电流大小约为 15A,若以 120A·h 的蓄电池为例,充电时间要持续 8 个多小时。相应的充电器的工作和安装成本相对比较低。电动汽车家用充电设施和小型充电站多采用这种充电方式。

图1-51 车载充电机(OBC)

（1）OBC。车载充电机(图1-51)是纯电动汽车的一种最基本的充电设备，充电机依据BMS提供的数据，能动态调节充电电流或电压参数，执行相应的动作。

新能源汽车的车载充电机是一种将交流电转换为直流电充电装置，其电压是跟原车搭配的蓄电池相同，依据蓄电池管理系统的管控命令，动态调节充电电流与电压参数，是完成新能源汽车充电过程的核心部件。通常要求成本低、尺寸小、质量轻、寿命长，同时具备高可靠性和高安全性，目前主流的车载充电机功率一般是3.3kW和6.6kW。

（2）家用充电机。家用充电机作为标准配置固定在车上或放在行李舱里，如图1-52所示。由于只需将车载充电器的插头插到停车场或家中的电源插座上即可进行充电，因此充电过程一般由车主自己独立完成，直接从低压照明电路取电，充电功率较小，由22V/16A规格的标准电网电源供电，典型的充电时间为8～10h(SOC达到95%以上)。这种充电方式对电网没有特殊要求，只要能够满足照明要求的供电质量就能够使用。由于在家中充电通常是晚上或者是在电低谷期，因此，有利于电能的有效利用。

（3）小型充电站。小型充电站是电动汽车的一种最重要的充电方式，如图1-53所示，它设置在街边、超市、办公楼、停车场等处，采用常规充电电流充电。电动汽车驾驶人只需将车停靠在充电站指定的位置上，接上电线即可开始充电。计费方式是投币或刷卡，充电功率一般为5～10kW，采用三相四线制380V供电或单相220V供电。其典型的充电时间是：补电1～2h，充满5～8h(SOC达到95%以上)。

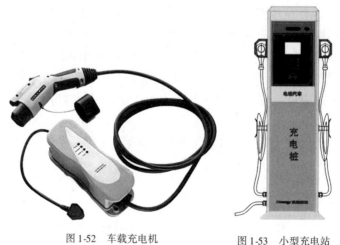

图1-52 车载充电机　　图1-53 小型充电站充电方式

2. 快速充电方式

快速充电方式以150～400A的高充电电流在短时间内为蓄电池充电(图1-54)，与常规充电方式相比，其安装成本相对较高。快速充电也可称为迅速充电或应急充电，其目的是在短时间内给电动汽车充满电,充电时间应该与燃油车的加油时间接近。大型充电站(机)多采用这种充电方式。它主要针对长距离旅行或需要进行快速补充电能的情况进行充电,充电机功率很大,一般都大于30kW,采用三相四线制380V供电。其典型的充电时间为10~30min。这种充电方式对蓄电池寿命有一定的影响,

特别是普通蓄电池不能进行快速充电,因为在短时间内接收过多的电量会导致蓄电池过热。快速充电站的关键是非车载快速充电组件,它能够输出35kW甚至更高的功率。由于功率和电流的额定值都很大,因此这种充电方式对电网有较高的要求,一般应靠近10kV变电站附近或在监测站和服务中心使用。

图1-54 大型充电站(机)的快速充电方式

3. 无线充电方式

电动汽车无线充电方式是近几年国外的研究成果,其原理就像在车里使用移动电话,将电能转换成一种符合现行技术标准要求的特殊的激光或微波束,在汽车顶上安装一个专用天线接收即可。有了无线充电技术,公路上行驶的电动汽车或双能源汽车可通过安装在电线杆或其他高层建筑上的发射器快速补充电能。电费将从汽车上安装的预付卡中扣除。

4. 更换蓄电池充电方式

除了以上几种充电方式外,还可以采用更换蓄电池组的方式,即在蓄电池电量耗尽时,用充满电的蓄电池组更换已经耗尽的蓄电池组。蓄电池归服务站或蓄电池厂商所有,电动汽车用户只需租用蓄电池。电动汽车用户把车停在一个特定的区域,然后用更换蓄电池组的机器将耗尽的蓄电池取下,换上已充满电的蓄电池组。对于更换下来的未充电蓄电池,可以在服务站充电,也可以集中收集起来以后再充电。由于蓄电池更换过程包括机械更换和蓄电池充电,因此有时也称它为机械"加油"或机械充电。蓄电池更换站同时具备正常充电站和快速充电站的优点,也就是说,可以用低谷电给蓄电池充电,同时又能在很短的时间内完成"加油"过程。通过使用机械设备,整个蓄电池更换过程可以在10min内完成,与现有的燃油车加油时间大致相当。不过,这种方法还存在不少有待解决的问题。首先,这种蓄电池更换系统的初始成本很高,其中包括昂贵的机械装置和大量的蓄电池。其次,由于存放大量未充电和已充电的蓄电池需要很多空间,因此,修建一个蓄电池更换站所需要的空间远大于修建一个正常充电站或快速充电站所需要的空间。另外,在蓄电池自动更换系统得到应用之前,需要对蓄电池的物理尺寸和电气参数制定统一的标准。

5. 移动式充电方式

对电动汽车蓄电池而言,最理想的情况是汽车在路上巡航时充电,即所谓的移动式充电(MAC)。这样,电动汽车用户就没有必要去寻找充电站、停放车辆并花费时间去充电了。MAC系统埋设在一段路面之下,即充电区,无须额外的空间。接触式和感应式的MAC系统都可实施。对接触式的MAC系统而言,需要在车体的底部装一个接触拱,通过与嵌在路面上的充电元件相接触,接触拱便可获得瞬时高电流。当电动汽车巡航通过MAC区时,其充电过程为脉冲充电。对于感应式的MAC系统,车载式接触拱由感应线圈所取代,嵌在路面

上的充电元件由可产生强磁场的高电流绕组所取代。很明显,由于机械损耗和接触拱的安装位置等因素的影响,接触式的 MAC 对人们的吸引力不大。

目前的研究主要集中在感应充电方式上,因为它无须机械接触,也不会产生大的位置误差。当然,这种充电方式的投资巨大,现在仍处于实验阶段。

(六)充电管理模式

充电管理需要蓄电池系统与充电机间实现有效的数据传输和参数实时判断。蓄电池管理系统完成了蓄电池系统中参数的采集工作,在现有的智能充电中,通过实现与充电机的通信,保证充电安全性,实现充电过程的有效控制。

BMS 的作用是实现对蓄电池状态的在线监测(蓄电池的温度、单体蓄电池电压、工作电流、蓄电池和蓄电池箱之间的绝缘)、SOC 估算、状态分析(SOC 是否过高、蓄电池温度是否过高/低、单体蓄电池电压是否超高/低、蓄电池的温升是否过快、绝缘是否故障、是否过电流、蓄电池的一致性分析、蓄电池组是否存在故障以及是否通信故障等)以及实施必要的热管理。

充电机的主要任务是电源变换、输出电压和电流的闭环控制,必要的保护以及与 BMS 通信,实现对蓄电池状态的全面了解和对输出电流的动态调节。当蓄电池组需要充电的时候,除了充电机的输出总正和总负动力线需要与蓄电池组相连以,BMS 和充电机之间还增加了用于实现数据共享的通信线。

该充电模式通过在蓄电池管理系统和充电机系统之间建立通信链路,实现了数据共享,使得在整个充电过程中蓄电池的电压、温度以及绝缘性能等安全性相关的参数都能参与蓄电池的充电控制和管理,使得充电机能充分地了解蓄电池的状态和信息,并据此改变充电电流,有效地防止了蓄电池组中所有蓄电池发生过充电和温度过高情况,提高了串联成组蓄电池充电的安全性。另外,该充电模式既完善了 BMS 的管理和控制功能,提高了充电安全性和智能化水平,还简化了充电工作人员设置充电参数等烦琐的工作,使得充电机具有了更好的适应性。通过这一模式,充电机不需要区分蓄电池的类型,只需要得到 BMS 提供的电流指令就能实现安全充电。

(七)充电口

如图 1-55 所示,电动汽车充电口从外观大小来看非常简单,快充口大且为 9 孔,慢充口小且为 7 孔。一般两个充电口会分别设计在车头和车尾,而部分车型也会将两个充电口设计在一起,例如车头或车尾。车主可根据充电时长需求来选择充电方式。

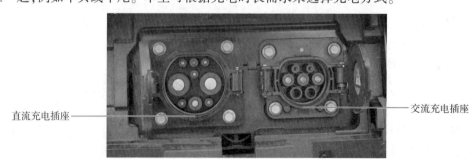

图 1-55　电动汽车充电口

1. 交流充电口

不同品牌或车型的慢充接口的位置可能有所不同,常见于例车辆的左后或右后轮穴上侧。慢充接口如图1-56所示,各脚含义见表1-13。

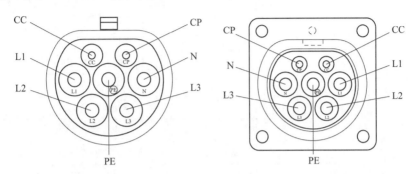

图1-56 慢充接口

慢充接口各脚含义 表1-13

序号	端子名称	作用
1	L1	交流电源(单相)
2	L2	交流电源(三相)
3	L3	交流电源(三相)
4	N	中线
5	PE	保护接地(PE),连接供电设备地线和车辆电平台
6	CC	充电连接确认
7	CP	控制导引

2. 直流充电口

目前大部分车型的快充口都设置在前中网车标的后方,慢充接口各脚标示如图1-57所示,各脚含义见表1-14。

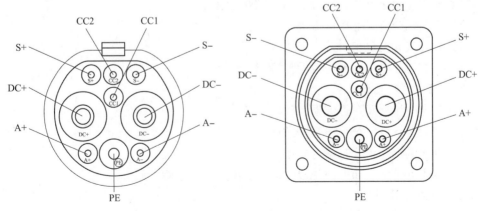

图1-57 快充接口

快充接口各脚含义　　　　　　　　表 1-14

序号	端子名称	作用
1	DC +	直流电源正
2	DC −	直流电源负
3	PE	保护接地(PE)
4	S +	充电通信(CAN-High)
5	S −	充电通信(CAN-Low)
6	CC1	充电连接确认
7	CC2	充电连接确认
8	A +	低压辅助电源正
9	A −	低压辅助电源负

二、任务实施

(一)工作准备

1. 作业场地

选择带有消防设施的作业场地。

2. 设备设施

实训车辆、充电电源。

3. 工量辅具

手电筒、车轮挡块。

(二)实施步骤

1. 检查交流充电接口

(1)关闭车辆起动按钮。

(2)确认挡位置于 P 挡,拉起驻车制动器操纵杆。

(3)按下车辆交流充电接口盖板。

(4)打开交流充电口密封盖。

(5)检查交流充电口外观是否无脏污、破损。

2. 检查充电枪外观及线束

(1)检查充电枪外观是否破损、脏污、干燥。

(2)检查充电枪线束是否完好,无破损。

(3)检查充电枪锁止开关是否完好。

(4)按压充电枪锁止开关,并松开,检查锁止开关是否能弹起。

3. 检查充电电源线

(1)检查充电电源线是否完好,无破损。

(2)将充电电源线插入交流220V插座。
(3)检查充电电源红色指示灯是否亮起;查看动力蓄电池包表面是否有划伤、碰撞凹陷。

4. 为电动汽车充电

(1)按下充电枪锁止开关。
(2)将充电枪插入交流充电接口,直至听到"咔嗒"声,充电枪连接完毕。
(3)观察仪表板,亮起充电连接指示灯。
(4)观察仪表板显示充电功率、SOC、充电剩余时间。
(5)锁止车辆。
(6)停止充电

5. 车辆解锁

(1)比较仪表板显示充电功率、SOC、充电剩余时间变化情况。
(2)按下充电枪锁止开关的同时拔下充电枪。
(3)关闭交流充电口密封盖。
(4)关闭交流充电口盖板。
(5)断开交流220V电源。

任务5　热管理系统认知

📝 任务描述

车辆在行驶时,不仅需要驾驶舱内保持合适的温度,更需要对动力蓄电池及驱动电机等关键的高压部件进行降温。请通过调节空调系统的温度,并观察热管理系统,记录其基本信息,并填写相应的任务工单。

一、知识准备

(一)热管理系统的组成

纯电动汽车整车热管理系统,主要包括三个部分:电机及其控制器热管理系统、动力蓄电池热管理系统和空调系统。多热力系统之间相互交织,相互影响。热管理系统一般需要满足下列条件:

(1)工作能耗低、效率高。
(2)制造成本低、维修方便、使用寿命长。
(3)控制方便、响应速度快。
(4)冷却液循环管路具有良好的密封性。
(5)工作噪声低。

(二)电机及其控制器热管理系统

电机及其控制系统作为电动汽车动力转换的关键部件,也必须运行在最高安全温度以下,才能保证其内部的滚动轴承、电机绕组等正常工作。电机控制器作为驱动系统中的关键部件,其控制箱体内的 IGBT 功率模块会因为在汽车行驶过程中长时间的运行以及频繁开闭而产生大量的热量,从而影响电机的输出特性以及驱动系统的可靠性。

电机热管理子系统由电子水泵、DC/DC 变换器、电机及其控制器、电机散热器以及风扇等部件组成,由电子水泵驱动,依次经由 DC/DC 变换器、电机及其控制器带走它们的热量,加热后的冷却液进入散热器,与外侧的冷空气实现热交换,完成整个循环,如图 1-58 所示。

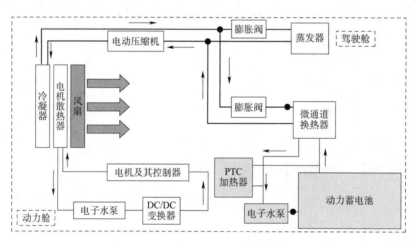

图 1-58 某电动汽车热管理系统结构

在电机及其控制器热管理系统中,由于电机和电机控制器内部的电子电器部件对温度的耐受温度较低,所以对于驱动系冷却系统的散热要求也较高,对于驱动系冷却系统的温度要求如下:

(1) 驱动电机温度小于或等于 100℃。

(2) 电机控制器温度小于或等于 90℃。

(3) 进、出口冷却液的温升小于或等于 10℃。

(三)动力蓄电池热管理系统

作为电动汽车的唯一动力源,蓄电池对整车的运行起着决定性的作用。动力蓄电池对温度有着苛刻的要求。其最佳工作温度在 25~40℃ 之间,并且蓄电池模块之间的最大温差应小于 5℃。若温度过低,蓄电池内部电解液离子活性降低,蓄电池放电速度降低同时蓄电池容量下降,将严重影响整车的动力性,降低续驶里程;若温度过高,则会造成蓄电池极化的不良影响,甚至会发生起火爆炸等安全事故。因此,要求开发高效的蓄电池热管理系统,以保证在各种行驶工况下动力蓄电池都能安全有效地运行。

蓄电池热管理子系统包括加热和冷却两部分,其中蓄电池加热系统由电子水泵驱动冷却液进入PTC加热器,由PTC加热后进入动力蓄电池完成动力蓄电池的加热;蓄电池冷却系统由空调系统的压缩机驱动,冷媒分别进入微通道换热器内侧和蒸发器,进入微通道换热器内侧的冷媒与其外侧的冷却液完成热交换,带走蓄电池多余的热量;进入蒸发器的冷媒与驾驶舱内的空气完成热交换,实现舱内制冷;加热后的冷媒进入冷凝器,与外侧空气进行热交换,完成整个循环。

由于温度是动力蓄电池工作性能、安全性能、使用寿命的重要影响因素,所以,蓄电池热管理系统性能的好坏直接决定了动力蓄电池的工作性能、安全性能、使用寿命。对于动力蓄电池冷却系统的温度要求如下:

(1)单体蓄电池的最高温度小于或等于55℃;
(2)各个单体蓄电池之间的温差小于或等于5℃;
(3)每个单体蓄电池内部的温差在5~10℃之间;
(4)进、出口冷却液的温升小于或等于5℃。

(四)空调系统

电动汽车空调系统的主要功能除了像传统汽车具有的制冷、制热、通风、除霜外,同时为了保护动力蓄电池、增加动力蓄电池续驶能力以及缩短充电时间,还负责整车的热管理功能,即充电时的预热和散热、运行时的预热和散热。

1. 空调控制器

空调控制器是空调控制系统制冷、制热、通风、除霜以及动力蓄电池热管理的大脑。在空调控制中,通过接收各温度传感器信号、压力信号、执行器电机位置信号、光照信号等,控制系统执行制冷、制热、通风、除霜功能。同时空调控制器还接收动力蓄电池管理系统发送的热管理信息,在充电或运行过程中,通过控制动力蓄电池水泵的转速,即冷却液的流量,来控制动力蓄电池包内温度,为动力蓄电池进行强制散热或强制冷。

2. 空调制冷系统

1)空调制冷系统控制原理

空调制冷系统由空调控制面板、压缩机、压缩机控制器、空调压力开关、电子扇、冷凝器、温度传感器、阳光传感器、冷却风扇、鼓风机调速模块、鼓风机、热交换器、电子膨胀阀、风门控制执行器、制冷管路等组成,如图1-59所示。

空调系统

2)空调制冷系统工作原理

电动汽车汽车空调的制冷系统与传统汽车基本相同,主要由电动压缩机、冷凝器、膨胀阀、蒸发器和储液干燥器等五大部件组成,如图1-60所示。

空调制冷系统启动后,空调电动压缩机在运行过程中,根据转速、压力、温度等信号的变化以及汽车运行状况和外界环境条件,自行调节流量以达到节能、降噪和实现车厢环境最优化的控制目的;系统设置了循环风门(车内循环方式),能够隔绝车内、外的空气,使车厢内的空气保持恒温状态,如果车外的污染超标,循环风门还能起到抵挡混浊空气入侵的作用,风门能根据驾驶人或乘员调定的温度自动地调节风量、气流分配方式,还能根据车外日照强度自行调节空气循环的方向。

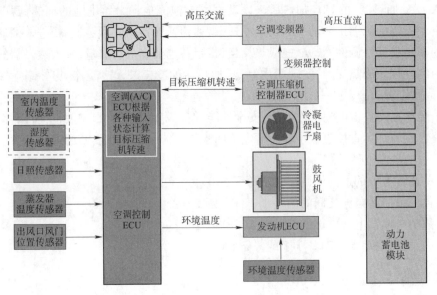

图 1-59 空调制冷系统控制原理图

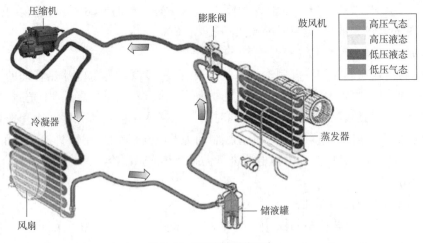

图 1-60 空调制冷系统组成

当车辆在充电及上电运行的情况下,BMS 通过温度传感器检测动力蓄电池内的温度。如果温度达到或超过系统所设置的阈值,BMS 通过动力 CAN 发送热管理信息至网关控制器,网关控制将此热管理信息处理后通过舒适 2CAN 发送至空调控制器以及空调压缩机,空调制冷系统启动,通过蓄电池水泵,热交换器为动力蓄电池内部进行强制冷却,防止系统过温及安全事故发生。

3. 空调制热系统

目前电动汽车的空调制热系统主要有 PTC 电加热系统和热泵空调系统两种。

1) PTC 电加热系统

PTC 电加热系统是电动汽车空调系统里应用较为广泛的形式,具有体积小、输出功率大、恒温自控、稳定性好等优点。然而,PTC 电加热系统加热效率低,冬季制热能耗高,依靠纯电加热,大大降低了蓄电池的性能。

(1) PTC 制热系统结构。

PTC 制热系统由空调控制面板、PTC 加热控制器、PTC 加热器、PTC 加热器温度传感器、鼓风机等组成,如图 1-61 所示。

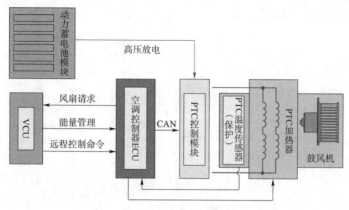

图 1-61　PTC 制热系统结构

(2) PTC 加热器。

PTC 是一种陶瓷电热元件的简称。它利用风机鼓动空气流经 PTC 电热元件强迫对流,以此为主要热交换方式。PTC 加热器(图 1-62)内部装有温度传感器,当风口温度过高时,可自行断电。其输出功率在 800~1200W 之间,可随意调温,工作时送风柔和、升温快,具有自动恒温功能。

2) 热泵空调系统

热泵空调系统由于其具有的能效比高、对原有空调系统改造小等优点已成为电动汽车驾驶舱环境调节的主流方向和发展趋势。在环境温度为

图 1-62　PTC 加热器

$-10℃$ 时,电动汽车热泵系统制热的耗能减少 50%,续驶里程增大了 10%~30%。热泵空调虽然可以降低消耗、提升续驶能力,但是它的缺点也很明显,特别是在室外温度低于 $-10℃$ 时,整个效率会下降。另外,热泵空调的成本较高,尤其是出现故障后,它的维修复杂,这也会导致其维修的成本高,因此这也是其明显的缺点之一。因此,很多车都将热泵空调和 PTC 加热器配合使用。

热泵空调是利用了蒸发吸热,液化放热的热力学原理。它利用低沸点的制冷剂将环境中的热量带入驾驶舱,驾驶舱得到的热量为消耗的电能与吸收的低位热能之和。热泵空调系统是通过热泵的工作原理来实现空气调节的。通常可热泵空调系统由室内机和室外机两部分组成。室外机通过吸收空气中的热能,将其转化为高温高压的制冷剂,再通过室内机将制冷剂释放出来,从而实现空气的制冷或制热。

(1) 热泵空调制冷模式。

从图 1-63 中可以看出,由四通换向阀来控制热泵空调系统制冷/热模式的切换。工质在压缩机内进行压缩后,高温高压的气态工质在室外换热器处冷凝放热,若蓄电池有制冷需

求,则开启蓄电池回路的电磁阀,使得在冷水机组处低温工质与高温的蓄电池冷却液做热量交换,实现对蓄电池的冷却。另一路进入空调回路,在室内换热器处低温低压的工质吸收驾驶舱内空气的热量。从冷水机组和室内换热器流出的工质混合后进入压缩机内压缩,完成制冷循环的过程。若蓄电池没有制冷需求,蓄电池的回路的电磁阀处于关闭状态,从室外换热器内出来的工质全部流向空调回路。

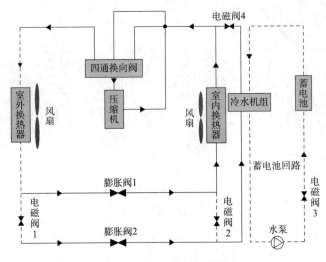

图1-63　制冷模式下系统循环图

(2)热泵空调制热模式。

制热模式下系统循环图如图1-64所示。此时,蓄电池的散热量基本可以忽略,蓄电池回路为关闭状态。工质在压缩机内进行压缩后,高温高压的工质在室内换热器处放热。从膨胀阀中流出的气液两相态的低温低压工质进入室外换热器中,在室外换热器处内部工质吸收外部环境空气的热量实现蒸发过程。从室外换热器流出的过热气体进入压缩机,完成制热循环。

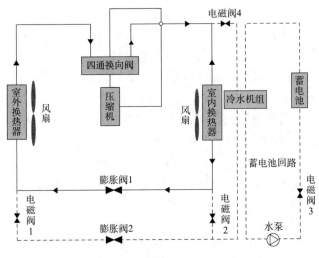

图1-64　制热模式下系统循环图

二、任务实施

(一) 工作准备

1. 作业场地

选择带有消防设施的作业场地。

2. 设备设施

实训车辆。

3. 工量辅具

手电筒、车轮挡块、温度计。

(二) 实施步骤

1. 检查空调控制器

(1) 放置车轮挡块,打开前机舱盖,铺设翼子板三件套。

(2) 确认挡位置于 P 挡,拉起驻车制动器操纵杆。

(3) 关闭点火开关,断开蓄电池负极。

(4) 在实训车辆上找到空调控制器。

(5) 检查空调控制器外观是否正常。

(6) 检查空调控制器低压控制插头是否松动,线束有无破损。

2. 检查空调制冷系统

(1) 检查空调压缩机外观是否正常。

(2) 检查空调压缩机低压控制插头是否松动,线束有无破损。

(3) 检查空调压缩机高压插头是否松动,线束有无破损。

(4) 检查空调制冷系统管路是否完好、无破损。

(5) 检查空调冷凝器电子扇是否完好。

(6) 检查空调冷凝器电子扇低压插头是否松动,线束有无破损。

(7) 检查空调冷凝器是否完好。

3. 检查空调制热系统

(1) 检查 PTC 加热器外观是否正常。

(2) 检查 PTC 加热器低压控制插头是否松动,线束有无破损。

(3) 检查 PTC 加热器高压插头是否松动,线束有无破损。

(4) 检查 PTC 加热系统管路是否完好、无破损。

(5) 检查暖风水泵插头是否松动,线束有无破损。

(6) 检查暖风水箱是否完好。

4. 调节空调系统温度

(1) 接通蓄电池负极。

(2)按下启动按钮。
(3)设定空调控制面板出风口温度至最低。
(4)用温度计测量出风口温度。
(5)观察前机舱压缩机工作状态。
(6)设定空调控制面板出风口温度至最高。
(7)用温度计测量出风口温度。
(8)观察前机舱暖风水泵工作状态。
(9)设置不同出风口模式、风量,感受风量。

任务6 整车管理系统认知

任务描述

整车控制器是电动汽车正常行驶的核心部件,是电动汽车实现正常行驶、再生制动能量回收、故障诊断处理和车辆状态监视等功能的主要控制部件。请通过调节空调系统的温度,观察热管理系统,记录其基本信息,并填写相应的任务工单。

一、知识准备

(一)整车管理系统的组成

整车管理系统(Vehicle Management System,VMS)是电动汽车的神经中枢,承担了各系统的数据交换、信息传递、动力蓄电池能量管理、驾驶人意图解析、安全监控、故障诊断等作用,对电动汽车动力性、经济性、安全性和舒适性等有很大的影响。整车管理系统分成三大子系统,如图1-65所示,包括低压电气系统、高压电气系统、网络控制系统。

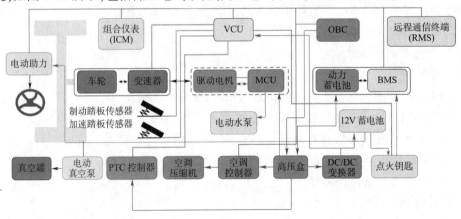

图1-65 整车管理系统

1. 低压电气系统

低压电气系统的作用是为各电子控制单元、各高压部件控制器、各 12V 电动辅助设备供电。低压电气系统主要由 12V 蓄电池、低压线路、点火开关、继电器、电动水泵、电动制动真空泵、电动助力转向器、组合仪表(ICM)等组成。

2. 高压电气系统

高压作用是将电能转换成机械能，或者整流、逆变、直流电压变换，主要由动力蓄电池、驱动电机、MCU、OBC、DC/DC 变换器、空调压缩机、压缩机控制器、PTC、PTC 控制器等组成。

3. 网络控制系统

网络控制系统作用是控制低压电气系统和高压电气系统，主要由 VCU、BMS、远程通信终端(RMS)、网关、CAN 总线等组成。

(二) 整车控制单元

1. 整车控制单元基本作用

整车控制单元的英文缩写为 VCU，如图 1-66 所示。VCU 是整车控制系统的核心部件，VCU 接收加速踏板、制动踏板、车速和剩余电量等信息，通过网络综合控制驱动车所需要的工作部件，属于整个车辆的管理协调型控制部件。

2. VCU 分层管理

VCU 包括微处理器、电源及保护电路模块、输入/输出(I/O)接口和调试模块、交流/直流(A/D)模数转换模块、CAN 总线通信模块等，根据信号重要程度和实现次序，运算分层，如图 1-67 所示。

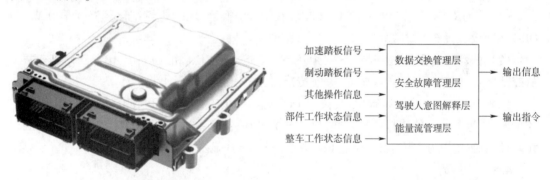

图 1-66 整车控制单元　　　　　　　　图 1-67　VCU 分层运算

(1) 数据交换管理层，接收 CAN 总线信息，对馈入 VCU 的物理量进行采集处理，并通过 CAN 总线发送控制指令，通过 I/O 接口提供对显示单元和继电器等的驱动信号，该层的功能是实现其他功能的基础和前提。

(2) 安全故障管理层，对于集成的数据进行分析判断，检测出故障后作出相应的处理，在保证车辆安全的条件下，给出部件可使用的工作范围，以尽可能满足驾驶人意图。

(3) 驾驶人意图解释层，对采集到的驾驶人操作信息进行分析处理，并计算出驱动系统的目标转矩和车辆行驶的需求功率。

(4) 能量流管理层，在多个能量源之间进行需求功率分配。

3. CAN 总线系统

电动汽车各车型设计的 CAN 子系统个数和控制单元组合不尽相同。电动汽车 CAN 网络如图 1-68 所示,它具有动力 CAN 系统、底盘 CAN 系统、车身 CAN 系统。动力 CAN 系统、底盘 CAN 系统是高速 CAN,传递速率为 500bit/s;车身 CAN 系统是中速 CAN,传递速率为 125bit/s。

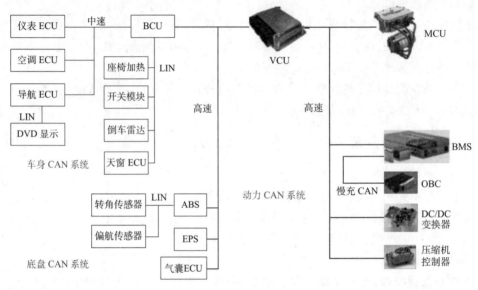

图 1-68 电动汽车 CAN 网络
ABS-防抱死制动系统;LIN-串行通信网络;DVD-高密度数字视频光盘

(1) 动力 CAN 系统,协调 MCU、BMS、DC/DC 变换器、压缩机控制器相互通信,BMS 与 OBC 之间设有慢充 CAN 总线。

(2) 底盘 CAN 系统,协调 ABS/ESP、EPS、安全气囊 ECU 相互通信,ABS/ESP 带有两个从控制单元,即转向盘转角传感器、偏航传感器,ESP 利用这两个信号。

(3) 车身 CAN 系统,协调 BCU、仪表 ECU、空调 ECU、导航 ECU 相互通信,BCU 作为主控制单元,通过 LIN 总线连接座椅加热模块、开关模块、倒车雷达模块、天窗模块 4 个从控制单元。导航 ECU 作为主控制单元,通过 LIN 总线连接 DVD 显示器。

4. VCU 的功能

1) 驾驶人意图解释

驾驶人意图解释主要是对驾驶人操作信息及控制命令进行分析处理,也就是将驾驶人的加速踏板位置信号和制动踏板位置信号根据某种规则转化成电机的需求转矩命令。因而驱动电机对驾驶人操作的响应性能,完全取决于整车控制的加速踏板解释结果,直接影响驾驶人的控制效果和操作感觉。

2) 换挡控制

换挡控制关系到驾驶安全,VCU 正确理解驾驶人意图,识别车辆合理的挡位。在基于模型开发的挡位管理模块中得到很好的优化,能在出现故障时作出相应处理保证整车安全,在驾驶人出现误操作挡位时通过仪表等提示驾驶人,使驾驶人能迅速作出纠正。换挡控制原理如图 1-69 所示。

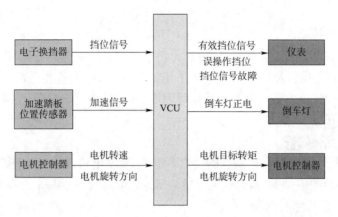

图 1-69　换挡控制原理

3）驱动控制

根据驾驶人对车辆的操纵输入（加速踏板、制动踏板、电子换挡器）、车辆状态、道路及环境状况，经分析和处理发出相应的指令，控制电机的驱动转矩来驱动车辆，以满足驾驶人对车辆驱动的动力性要求。同时根据车辆状态，VCU 发出相应指令，保证安全性、舒适性。

4）制动能量回馈控制

VCU 根据加速踏板和制动踏板的位置、车辆行驶状态信息以及动力蓄电池的状态信息（如 SOC 值），来判断某一时刻能否进行制动能量回馈。在满足安全性能、制动性能以及驾驶人舒适性的前提下，回收部分能量，包括滑行制动和踩制动踏板，制动过程中的电机制动转矩控制。

制动能量回馈原则：能量回收制动不应该干预 ABS 的工作；ABS 进行制动力调节时，制动能量回收不应该工作；ABS 报警时，制动能量回收不应该工作；当驱动电机系统有故障时，制动能量回收不应该工作。

5）防溜车控制

在坡上行驶过程中，如果驾驶人踩加速踏板的深度不够，车辆会出现车速逐渐降至 0，然后向后溜车现象。为了防止出现电动汽车在坡上起步和运行时向后溜车的现象，在整车控制策略中增加了防溜车功能。防溜车功能可以保证车辆在坡上起步时，向后溜车小于 10cm；在车辆上坡行驶过程中如果动力不足时，车速会慢慢降到 0，然后保持停止状态，不再向后溜车。

6）充电过程控制

VCU 与 BMS 共同进行充电过程中的充电功率控制，插入充电枪，VCU 接收到充电信号后，应该保证车辆在充电状态下处于行车锁止状态，并根据蓄电池状态信息限制充电功率，保护蓄电池。

7）智能充电控制和电池均衡

有些车型具有智能充电系统，在车辆停放期间，当 12V 蓄电池 SOC 低于 73% 时，网络自动唤醒,充电 SOC 到达 93% 自动停止。有些车型在慢充电结束后,VCU 自动对蓄电池单体进行均衡。

8) 高压上下电控制

根据驾驶人对点火开关的控制,进行动力蓄电池的高压继电器开关控制,以完成高压设备的电源通断和预充电控制。进行高压上下电流程处理,协调各相关部件的上电与下电流程,包括电机控制器、动力蓄电池管理系统等部件的供电,预充继电器、主负继电器及主正继电器的吸合和断开等。

9) 整车能量优化管理

如图 1-70 所示,通过对高压系统的动力蓄电池、驱动电机、DC/DC 变换器、电动压缩机、PTC,以及低压系统的电动助力转向、电动真空泵、空调系统、BCM 等的协调和管理,提高整车能量利用效率,延长续驶里程。

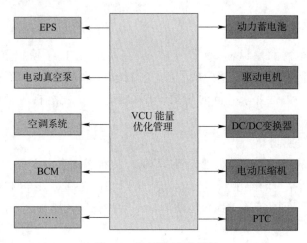

图 1-70　整车能量优化管理

10) 电动化辅助系统管理

驱动系统以外的系统称作电动化辅助系统,包括电动压缩机(高压供电)、电动助力转向(12V 供电)、电动真空助力泵(12V 供电)。VCU 根据动力蓄电池以及低压蓄电池状态,对电动化辅助系统进行监控。

11) 车辆状态的实时监测和显示

VCU 对车辆的状态进行实时监测,并且将各个子系统的信息发送给车载信息显示系统(仪表控制单元),其过程是通过传感器和 CAN 总线,检测车辆状态及其动力系统和相关电器附件、相关各子系统状态信息,通过数字仪表显示出来。

12) 故障诊断与处理

VCU 连续监视整车电控系统,根据传感器的输入及其他通过 CAN 总线通信得到的电机、蓄电池、充电机等信息,对各种故障进行判断、等级分类、报警显示、存储故障码,供维修时查看。故障处理方式分为上报不处理、限功率、待机、禁止高压上电、禁止充电、禁止行车制动能量回收、立即高压下电。故障指示灯指示出故障类别和部分故障码,VCU 对故障分为三级并进行处理,见表 1-15。

故障分级级别　　　　　　　　　　　　　　　　　　表 1-15

级别	名称	故障举例	处理方式
1 级	危急故障	动力蓄电池温度过高,绝缘电阻过低等	立即高压下电
2 级	紧急故障	绝缘电阻低,温度不均衡等	限功率、待机、禁止高压上电、禁止充电
3 级	预警故障	动力蓄电池电压较低,充电电流较大等	上报不处理

13)CAN 网络管理

在整车 CAN 网络管理中,VCU 是信息控制的中心,具有信息的组织与传输、网络节点(控制单元)的管理、信息优先权的动态分配、网络状态的监控、网络故障的诊断与处理等功能。

14)远程查询

用户可以通过手机应用程序(App)实时查询车辆状态,实时了解自己爱车的状况,包括 SOC 值、续驶里程等。

15)远程控制

用户在出门前可以通过手机指令,实现充电控制、空调控制、蓄电池预加热控制等,用户刚上车就可以进入一个舒适的环境和温度。用户离开车辆时将充电枪插入慢充口,并不进行立即充电,可以利用电价波谷并在家里实时查询 SOC 值,需要充电时通过手机 App 发送远程充电指令。

(三)VCU 与各设备的连接

1. VCU 与电子换挡器连接

电动汽车的电子换挡器可选择 D、R、P、N 挡,同时仪表盘显示对应的挡位字母。电子换挡器向 VCU 提供 4 个信号。

2. VCU 与节气门位置传感器连接

加速踏板信号向 VCU 提供驾驶人行驶意图,该传感器向 VCU 提供两组信号,VCU 将两组信号对比使用。

3. VCU 与制动踏板传感器连接

制动踏板传感器向 VCU 提供制动踏板深度两组信号,VCU 将两组信号对比使用,利用此信号进行能量回收和制动力控制,VCU 同时发出信号控制制动灯点亮。

4. VCU 与 BMS 连接

VCU 通过硬线对 BMS 发出唤醒信号,通过 CAN 线询问 BMS 是否有接收方面故障。BMS 反馈 VCU 的信号有动力蓄电池电量、动力蓄电池温度、动力蓄电池电压、动力蓄电池电流。

5. VCU 与 OBC 连接

当插入慢充枪,OBC 感知 CC 与 PE 之间接通,OBC 向 VCU 发出充电唤醒信号,再由 VCU 向组合仪表发出充电唤醒信号。OBC 向 VCU 发出连接确认信号,再由 VCU 向组合仪表发出连接确认信号,仪表盘上慢充指示灯点亮。

6. VCU 与 PTC 控制器连接

各品牌车型设计不同,PTC 控制器可以安装在高压盒内、压缩机控制器内或单独设立。VCU 通过 CAN 总线与高压盒内 PTC 控制器通信,VCU 根据驾驶人指令和 PTC 温度传感器信号,控制 PTC 的分组通电或断开。

7. VCU 与 MCU 连接

VCU 通过 CAN 总线向 MCU 发出转矩需求信号,以及询问 MCU 是否有接收方面故障。MCU 反馈给 VCU 的信息有电机转速、电机温度、电机控制器温度。能量回馈时,VCU 通知 MCU 自动工作。

8. VCU 与 DC/DC 变换器连接

在慢充电或行车中,VCU 对继电器发出"使能"信号,继电器闭合,DC/DC 变换器开始工作,将高压直流电转换成 14V 直流电,对蓄电池充电。当 DC/DC 变换器本身出现故障时,DC/DC 变换器通过故障信号线上报 VCU,再由 VCU 报送组合仪表,仪表盘上的充电故障灯点亮。

9. VCU 与压缩机控制器连接

有的车型,VCU 还兼有空调控制单元的作用,驾驶人操作空调面板,VCU 接收空调面板发来的 AC 开关、温度设定、鼓风机风速、蒸发器温度、室内温度、制冷管路压力等信号。VCU 通过 CAN 总线将执行信号送给压缩机控制器,控制电动压缩机工作和执行不同转速。

10. VCU 与 RMS 连接

RMS 也称作 T-BOX,VCU 通过 CAN 总线与 RMS 连接。RMS 的一般具有以下功能:

(1)服从 VCU 的控制命令,获取整车相关信息。

(2)利用全球定位系统(Global Positioning System,GPS)/北斗卫星导航系统对车辆进行定位。

(3)将数据存储到本地存储卡中,供软件读取和分析。

(4)将信息按规定的时间和数据量,以无线的方式发送到服务平台,并且做到信息的保密。

(5)保存车辆最近一段时间的数据,作为"黑匣子"提供车辆故障或事故发生前的数据信息。

(6)在通信网络不畅的情况下,自动将数据存在 flash 区,等待网络正常后自动上传至服务平台。

(7)当检测到 GPS 等模块故障主动上报警情监控中心。

(8)支持远程自动升级功能,自动接收服务平台升级指令完成软件升级。

二、任务实施

(一)工作准备

1. 作业场地

选择带有消防设施的作业场地。

2. 设备设施
实训车辆、故障诊断仪。
3. 工量辅具
手电筒、车轮挡块。

(二) 实施步骤

1. 检查整车控制器线束
(1) 放置车轮挡块,打开前机舱盖,铺设翼子板三件套。
(2) 确认挡位置于 P 挡,拉起驻车制动器操纵杆。
(3) 打开前机舱盖。
(4) 拆卸整车控制器饰板。
(5) 检查整车控制器低压控制插头是否松动。
(6) 检查整车控制器低压控制线束是否破损。
2. 检查仪表板信息
(1) 踩下制动踏板。
(2) 按下起动开关。
(3) 听真空制动泵工作声音。
(4) 观察仪表板显示车辆状态信息。
3. 查看故障信息
(1) 连接故障诊断仪蓝牙接口。
(2) 启动故障诊断仪电源开关。
(3) 在控制面板中选择实训车型。
(4) 进入整车控制单元。
(5) 读取故障信息。
(6) 清除故障信息。
(7) 读取故障信息。
(8) 进入整车控制单元数据流,观察车辆参数。

任务7　底盘电控系统认知

任务描述

底盘作用是支承、安装汽车发动机及其各部件、总成,成形汽车的整体造型,并接受电动机的动力,使汽车运动,保证正常行驶。请检查底盘电控系统,记录其基本信息,并填写相应的任务工单。

一、知识准备

（一）底盘电子控制系统的组成

底盘电子控制系统按汽车结构和总成控制功能可分为制动控制、驱动控制、转向控制和车身姿态控制。

其中，制动控制包括防抱死制动系统、电子制动力分配等；驱动控制包括牵引力控制、车身电子稳定系统等；转向控制包括电动助力转向、四轮转向控制等；车身姿态控制包括减振器阻尼控制、弹簧制度控制等。

（二）制动控制

1. 防抱死制动系统（ABS）

1）ABS 的作用

防抱死制动系统（Antilock Braking System，ABS）能防止汽车在常规制动过程中由于车轮完全抱死而出现的后轴侧滑、前轮丧失转向能力等现象，从而充分发挥轮胎与路面间的潜在附着力，最大程度地改善汽车的制动性能，达到提高汽车在制动过程中的方向稳定性和转向操纵能力的目的，以满足行车安全的需要。没有 ABS 的汽车在紧急制动时会发生侧滑，严重时会掉头，汽车方向会失去控制。

2）ABS 的组成

ABS 由车轮转速传感器、液压控制单元、ECU 和 ABS 故障指示灯等组成，如图 1-71 所示。

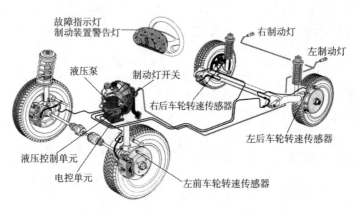

图 1-71 ABS 的组成

3）ABS 的控制原理

ABS 的制动过程分为常规制动和 ABS 调节制动两部分。汽车制动时，ECU 根据传感器信号，确定各车轮的滑移率，如图 1-72 所示。

（1）若无车轮抱死，ABS 不起作用，制动过程为常规制动过程。

（2）当某车轮的滑移率接近设定滑移率控制极限值时，ECU 发出指令给制动压力调节装置,使该车轮的制动压力保持一定。

(3)当某车轮的滑移率超过了设定滑移率控制极限值时,ECU发出指令给制动压力调节装置,使该车轮的制动压力减小。

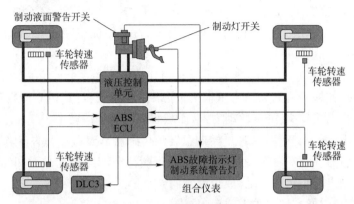

图1-72　ABS控制原理

2. 电子制动力分配(EBD)

电子制动分配(Electronic Brake Distribution,EBD)系统是一种汽车电子辅助控制系统。EBD能够根据由于汽车制动时产生轴荷转移的不同,而自动调节前、后轴的制动力分配比例,提高制动效能,并配合ABS提高制动稳定性。

汽车在制动时,四个轮胎附着的地面条件往往不一样,与地面的摩擦力不同,在制动时就容易产生打滑、倾斜和侧翻等现象。利用ABS的液压控制装置。EBD系统根据车辆行驶状态进行合理的制动力分配的装置。EBD系统一般组装在ABS中,它实际上是ABS的辅助功能,可以提高ABS的功效。

在汽车制动时,EBD系统时刻监控四个车轮的运动状态,快速计算出四个车轮的附着力,并比较前后轮的滑移率。如果滑移率差异程度达到了EBD调整的设定值,则调整滑移率较大的车轮的制动管路油压,使其制动力与附着力相匹配,使四个车轮得到理想化制动力的分配。

3. 电子驻车制动(EPB)

电子驻车制动(Electronic Park Brake,EPB)通过电子线路控制停车制动。功能同驻车制动器操纵杆。EPB主要有以下功能:

(1)起步时可不用手动关闭EPB,踩加速踏板起步时EPB会自动关闭。

(2)自动驻车(Auto Hold)功能:使驾驶人在车辆停下时自动驻车,能避免车辆不必要的滑行。简单来说,就是车辆停下时,自动拉紧驻车制动器操纵杆。起步时,轻点加速踏板即可解除制动。

(3)车辆坡道起步时,电控单元计算产生的下滑力,以及需要施加的制动力,并在发动机驱动力增加时,相应地减少制动力。当驱动力足够克服下滑力时,电控单元驱动电动机解除驻车制动,从而实现车辆顺利起步。

(4)可以保证车辆在30%的斜坡上安全稳定驻车。

(三)驱动控制

1. 牵引力控制系统(TCS)

牵引力控制系统(Traction Control System,TCS)的作用是使汽车在各种行驶状况下都能获得最佳的牵引力,可以最大程度利用电机的驱动力矩,保证车辆起动、加速和转向过程中的稳定性。

(1)起动、牵引力控制。牵引力控制系统利用计算机检测4个车轮的速度和转向盘转向角,当汽车加速时,如果检测到驱动轮和非驱动轮转速差过大,计算机立即判断驱动力过大,发出指令信号减小电机功率,降低驱动力,从而减小驱动轮的滑转率。

(2)转向牵引力控制。计算机通过转向盘转角传感器掌握驾驶人的转向意图,然后利用左右车轮速度传感器检测左右车轮速度差,从而判断汽车转向程度是否和驾驶人的转向意图一样。如果检测出汽车转向不足(或过度转向),计算机立即判断驱动轮的驱动力过大,发出指令降低驱动力,以便实现驾驶人的转向意图。

2. 车身电子稳定系统(ESP)

车身稳定控制(ESP)通过对从各传感器传来的车辆行驶状态信息进行分析,然后向ABS、EBD等发出纠偏指令,来帮助车辆维持动态平衡,能够有效提高汽车行驶稳定性。

车身电子稳定系统

当纵向力达到极值时,车辆的横向运动将不受控制,即发生侧滑,此时可能无法按驾驶人的意愿进行变道或者转弯。车身电子稳定系统可以检测并预防车辆侧滑,当系统检测到车辆将要失控时,它会向特定的车轮施加制动力,从而帮助车辆按照驾驶人期望的方向前进。

在转弯时,当车辆有转向不足的倾向时,系统可以向转弯内侧的后轮施加制动力,由于此轮纵向力的增加,所能提供的侧向力减小,随之对车身产生帮助转向的力矩;当有转向过度的倾向时,系统可以向转弯外侧的前轮施加制动力,由于此轮纵向力的增加,所能提供的侧向力减小,随之对车身产生抵抗转向的力矩,从而保证了行驶的稳定。

3. 自适应巡航控制(ACC)系统

自适应巡航控制(Adoptive Cruise Control,ACC)系统利用电子技术,使车辆在一定的车速范围内,驾驶人不用控制加速踏板,而能保证汽车以设定的速度稳定行驶。

ACC主要由指令开关、传感器、ECU和执行器组成。ECU有两个信号输入,一个是驾驶人按要求设定的指令速度信号,一个是实际行车中车速的反馈信号。控制器检测到这两个输入信号间的误差后,产生一个送至加速踏板执行器的加速踏板控制信号,从而使加速踏板执行器根据加速踏板控制信号来调节发动机节气门开度,以修正电子式控制装置所检测到的误差,从而使车速保持恒定。

(四)转向控制

1. 电动助力转向系统(EPS)

电动助力转向系统(Electric Power Steering,EPS)一般在传统机械转向系统的基础上,根据转向盘上的转矩信号和汽车的行驶车速信号,利用电子控制装置使电动机产生相应大小和方向的辅助动力,协助驾驶人进行转向操作。

驾驶人在操纵转向盘进行转向时,转矩传感器检测到转向盘的转向以及转矩的大小,将电压信号输送到转向控制单元,转向控制单元根据转矩传感器检测到的转矩电压信号、转动方向和车速信号等,向电动机控制器发出指令,使电动机输出相应大小和方向的转向助力转矩,从而产生辅助动力,如图1-73所示。汽车不转向时,电子控制单元不向电动机控制器发出指令,电动机不工作。

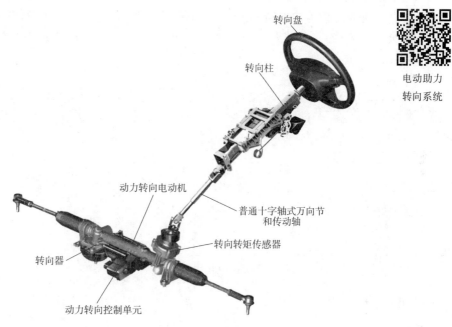

图1-73 电动助力转向系统

2. 四轮转向控制(4WS)

四轮转向控制(4WS)是指汽车转向过程中,4个车轮可根据前轮或行车速度等信号同时相对车身偏转。四轮转向汽车的后轮可以与前轮同向偏转,可以反向偏转。

若后轮的转向与前轮转向方向相同,则称同向控制模式。其转弯半径比两轮转向的转弯半径大。同向控制模式的作用是汽车在转向时车身与行驶方向的偏转角小,减少了汽车调整行驶转向时的旋转和侧滑,提高了操纵稳定性,且能保证汽车在潮湿路面上稳定地转向。

若后轮的转向与前轮转向方向相反,称反向(逆向)控制模式,其转弯半径比两轮转向的转弯半径小,适用于汽车驶入车库和在狭窄的拐角处转弯。随着车速的升高,后轮转向角变小,在车速达到40km/h时,转向角变成0°。这就提高了汽车停车或在狭小空间转向的机动性。

(五)车身姿态控制

电控悬架系统可根据不同的路面条件、不同的装载质量、不同的行驶速度等来调节悬架系统的弹簧刚度和减振器的阻尼力,还可以调整车身高度,从而使悬架的特性与道路状况和行驶状态相适应,保证汽车在行驶过程中获得良好的行驶平顺性和良好的操纵稳定性。一

般来说，电控悬架系统具有以下功能：

（1）减振器阻尼力控制。调整控制减振器阻尼系数，防止汽车起步或加速时车辆顿挫；防止紧急制动时车辆"点头"；防止汽车急转弯时车身的横向摆动；防止汽车换挡时车身纵向摆动等。

（2）弹簧刚度控制。调整控制弹簧弹性系数来改变悬架的刚度，从而改善汽车的乘坐舒适性和操纵稳定性。

（3）车身高度控制。在车辆负载变化时，车身的高度可以保持一定，车身能保持水平，从而使汽车的前照灯光束方向保持不变；当汽车在不良路面上行驶时，可以使车辆高度升高，防止汽车底盘的刮蹭；当汽车高速行驶时，可以使车辆高度降低，降低车辆重心，以便减小空气阻力，提高操纵稳定性。

二、任务实施

（一）工作准备

1. 作业场地

选择带有消防设施的作业场地。

2. 设备设施

实训车辆、手电、举升车。

3. 工量辅具

手电筒、车轮挡块、温度计。

（二）实施步骤

1. 检查真空助力泵

（1）确认挡位置于 P 挡，拉起驻车制动器操纵杆。

（2）放置车轮挡块，打开前机舱盖，铺设翼子板三件套。

（3）踩下制动踏板，按下点火开关。

（4）多次踩下制动踏板，听真空助力泵是否正常工作。

（5）关闭点火开关。

（6）检查真空助力泵外观是否完好。

（7）检查检查真空助力泵低压控制插头是否松动，线束是否破损。

2. 检查前机舱底盘电控系统部件

（1）检查 ABS 泵外观是否完好。

（2）检查 ABS 电控单元外观是否完好。

（3）检查 ABS 电控单元低压控制插头是否松动，线束是否破损。

3. 检查底盘电控系统部件

（1）将车辆停放至举升工位。

(2)调整举升臂位置,将车辆举升至合适高度。

(3)检查轮速传感器外观是否完好。

(4)检查轮速传感器低压控制插头是否松动,线束是否破损。

(5)检查EPB电机外观是否完好。

(6)检查EPB电机低压控制插头是否松动,线束是否破损。

拓展阅读

中国电动汽车发展史

早在19世纪末,人们就开始了电动汽车的研究和开发。1897年,洛杉矶出现了第一辆商业化的电动出租汽车。1996年,通用汽车公司推出了EV1电动汽车,这是一辆纯电动汽车,可以行驶130mile左右的距离。然而,由于EV1成本高昂且销量不佳,通用汽车于2003年停产该汽车。

自2010年起,随着政府推出一系列扶持政策,中国电动汽车行业开始进入快速发展期。在这十几年间,中国电动汽车的市场规模与技术水平不断提高,成为世界上电动汽车产业最具活力的市场之一。

1. 2008—2012年:起步阶段

2008年,国家发展改革委发布《新能源汽车"十二五"产业发展规划》,提出要大力发展电动汽车并制定相关政策。2010年,中央财政首次对电动汽车产业进行专项资金支持,为电动汽车的市场化提供了一定的政策保障。中国政府也于2012年发布了《关于加快新能源汽车产业发展的若干意见》,提出到2020年,全国新能源汽车保有量要达到500万辆以上的目标。

在此背景下,中国的电动汽车开始出现在市场上,但是市场份额非常小,同时由于蓄电池技术和充电技术的限制,市场接受度也有限。

2008年,比亚迪推出F3DM新能源汽车,标志着比亚迪成为中国第一家成功研发新能源汽车的汽车制造商。该车型的续驶里程为100km,最高速度可以达到150km/h,这在当时的市场上是非常优秀的表现。

2. 2013—2016年:蓬勃发展阶段

2013—2016年,中国政府加大了对新能源汽车的支持力度,出台了购置税减免、免征车辆购置税等优惠政策,使得电动汽车逐渐受到更多消费者的关注。

在这一时期,中国的电动汽车产业迎来了爆发式增长。2015年,中国成为世界上最大的新能源汽车市场。各种国内品牌开始涌现,如比亚迪和北汽新能源等。同时,中国在技术方面也取得了一定的进步,比如新电池技术的应用、充电设施的建设完善。

3. 2017年至今:持续发展阶段

随着中国电动汽车市场规模进一步扩大,政府也推行了更具有针对性的政策和措施,如新能源汽车积分政策、因地制宜限制消费传统燃油汽车等,从而进一步促进了电动汽车市场的发展。2020年,国务院办公厅印发的《新能源汽车产业发展规划(2021—

2035年)》提出,到2025年,新能源汽车新车销售量达到汽车新车销售总量的20%左右,到2035年,纯电动汽车成为新销售车辆的主流。

在技术方面,中国电动汽车产业也经历了快速的技术升级和创新。例如,新材料技术、智能化技术、自动驾驶技术等的应用,这些技术将电动汽车的性能与可靠性提升到一个全新的水平。

目前我国市场上在售的电动汽车有比亚迪、小鹏、蔚来、理想、威马、哪吒、吉利、极狐、零跑、广汽埃安、WEY等50多个国产品牌。

总体来看,中国电动汽车的发展历程中因政策扶持措施增多和市场需求不断增大而取得了较大的成功。未来,与"碳零排放"等环保议题的不断升温,相信中国电动汽车产业依然会有着广阔的市场前景和创新发展空间。

习题

一、填空题

1. 纯电动汽车的英文缩写字母是_____。
2. 新能源汽车的号牌以_____色为主色调。
3. 蓄电池的能量是指在一定放电制度下,蓄电池所能输出的电能,单位是_____或_____。
4. 根据充电电源类型,可分为_____充电和_____充电两种。
5. 纯电动汽车整车热管理系统,主要包括_____及其控制器热管理系统、热管理系统和_____系统。
6. 整车控制系统包括_____系统、_____系统、_____系统。
7. 底盘电子控制系统按汽车结构和总成控制功能可分为_____控制、_____控制、_____控制和_____控制。

二、判断题

1. 直流电动机是电动车普遍使用的一种类型。 (   )
2. 电动汽车减速器的主要作用是将电机输出的低转速、高转矩的动力转换成高转速、低转矩的动力,用于驱动汽车。 (   )
3. 动力蓄电池的能量影响电动汽车的速度。 (   )
4. 充电的功率越大越好。 (   )
5. 电动汽车在充电时,动力蓄电池不可以加热。 (   )
6. 牵引力控制系统是为了使四个车轮受到一样的力。 (   )

三、选择题

1. 下面哪一项不是电动汽车的关键技术?(   )
   A. 蓄电池　　　B. 电机　　　C. 通信　　　D. 电控
2. (   )是电动汽车的行驶的"躯干",其将电源的电能转化为机械能。
   A. 蓄电池　　　B. 电机　　　C. 通信　　　D. 电控

3. (　　)是构成动力蓄电池的基本单元,即电芯。
   A. 蓄电池单体　　B. 蓄电池模块　　C. 蓄电池模组　　D. 蓄电池包
4. (　　)用来提示动力蓄电池组剩余电量,是计算和估计电动汽车续驶里程的基础。
   A. SOE　　　　　B. SOC　　　　　C. SOH　　　　　D. SOD
5. 对蓄电池损害最大的充电方式是(　　)。
   A. 家用充电机　　B. 小型充电站　　C. 快速充电　　D. 换电
6. VCU通过(　　)总线进行数据通信。
   A. A/D　　　　　B. CAN　　　　　C. BMS　　　　　D. LIN
7. 防抱死制动系统的英文缩写是(　　)。
   A. ABS　　　　　B. EBD　　　　　C. EPB　　　　　D. ASR

项目二
其他新能源汽车认知

知识目标

(1) 掌握插电式混合动力电动汽车的定义、特点、结构及工作原理。
(2) 掌握增程式混合动力电动汽车的定义、特点、结构及工作原理。
(3) 掌握氢燃料电池电动汽车的定义、特点、结构及工作原理。
(4) 掌握太阳能汽车的定义、特点、结构及工作原理。
(5) 掌握代用燃料汽车的定义、特点、结构及工作原理。

技能目标

(1) 能准确描述插电式混合动力电动汽车各部分名称,并指认其实际位置。
(2) 能准确描述增程式混合动力电动汽车各部分名称,并指认其实际位置。
(3) 能准确描述氢燃料电池电动汽车各部分名称,并指认其实际位置。
(4) 能准确描述太阳能汽车各部分名称,并指认其实际位置。
(5) 能准确描述代用燃料汽车各部分名称,并指认其实际位置。

素质目标

(1) 培养学生遵守技术标准、规范操作、安全、环保、5S作业的好习惯。
(2) 树立技能理想,坚定技能信念,走上技能成才、技能报国之路。
(3) 体会并提取《新能源汽车,创新无限》的创新要素,提高文化科学素质和创新能力。

▶ 学时:14学时

项目二 其他新能源汽车认知

 任务 1　插电式混合动力电动汽车认知

任务描述

由于插电式混合动力电动汽车能有效解决了纯电动汽车的续驶里程问题，因此，近年来市场占有率越来越高。请通过查询插电式混合动力电动汽车的基本信息及结构，找到关键零部件位置，并记录其基本信息，并填写相应的任务工单。

一、知识准备

(一) 插电式混合动力电动汽车定义

插电式混合动力电动汽车（Plug-in Hybrid Electric Vehicle，PHEV）是一种正常情况下从非车载装置中获取电能量的混合动力汽车。

插电式混合动力电动汽车是介于纯电动汽车与燃油汽车两者之间的一种新能源汽车，既有传统汽车的发动机、变速器、传动系统、油路、油箱，也有纯电动汽车的动力蓄电池、电动机、控制电路，而且动力蓄电池容量比较大，有充电接口。它综合了纯电动汽车（Electric Vehicle，EV）和混合动力电动汽车（Hybrid Electric Vehicle，HEV）的优点，既可实现纯电动、零排放行驶，也能通过混合动力模式增加车辆的续驶里程。

在我国，插电式混合动力电动汽车作为新能源汽车的一种，可以申请新能源汽车牌照，也可以享受相关的通行优待，但是对于插电式混合动力电动汽车，有如下基本要求：

(1) 典型 A 级车型，从 2020 年到 2030 年纯电动续驶里程达到 80km。

(2) 2020 年，混合动力模式下油耗不超过 5L/100km（工况法），纯电驱动时电耗 $\leqslant 13 kW \cdot h/100km$。

(3) 2025 年，混合动力模式下油耗不超过 4.5L/100km（工况法），纯电驱动时电耗 $\leqslant 11 kW \cdot h/100km$。

(4) 2030 年，混合动力模式下油耗不超过 4.0L/100km（工况法），纯电驱动时电耗 $\leqslant 10 kW \cdot h/100km$。

(二) 插电式混合动力电动汽车的特点

插电式混合动力电动汽车有效解决了纯电动汽车续驶里程短的问题，并将传统动力系统与纯电动动力系统结合在一起，具有以下特点：

(1) 将纯电动驱动系统和混合动力驱动系统相结合，减少有害气体、温室气体的排放，大大减少整车的燃油消耗，提高燃油经济性。

(2) 无须配备大容量的动力蓄电池，可以大幅降低动力蓄电池制造成本，且有效延长了蓄电池寿命。

（3）可利用外部公用电网对车载动力蓄电池进行均衡充电,减少对石油的依赖,同时又能改善电厂发电机组效率、削峰填谷,缓解供电压力。

（4）插电式混合动力电动汽车内要集成纯电动汽车和燃油汽车两套完整的动力系统,因此插电式混合动力电动汽车的成本较高,结构复杂,质量也比较大,相对于单纯的燃油汽车和纯电动汽车又有劣势。

（三）插电式混合动力电动汽车的结构

插电式混合动力电动汽车一般由以下几部分组成,如图 2-1 所示:
（1）燃油动力系统由发动机、离合器、变速器、主减速器、差速器等构成。
（2）动力蓄电池以满足法规要求的纯电行驶里程。
（3）驱动电机保证纯电模式下的汽车动力性能。
（4）充电接口实现大容量动力蓄电池的快速充电,可连接外部充电桩进行充电。

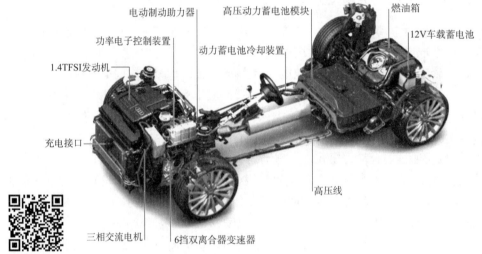

混合动力电动汽车
工作模式

图 2-1　插电式混合动力电动汽车结构

注:TFSI 为燃料分层喷射技术,旁边数字越大表示汽车功率越大。

（四）插电式混合动力电动汽车的工作模式

插电式混合动力电动汽车拥有燃油驱动和电驱动两套动力系统,在车辆不同的行驶工况下,两套动力系统的动力输出可以进行调节,通常包括以下工作模式。

1. 纯电动模式

在动力蓄电池电量充足的情况下,仅靠电机驱动车辆。在纯电动模式下,变速器与发动机完全断开连接,电动机由蓄电池供电。

2. 混合动力模式

燃油驱动系统和电驱动系统同时驱动车辆,车辆具有极好的动力性。混合动力状态下,变速器会自动选择合适的挡位。当车速达到一定区间时,此时电动机会被反拖,加上动能回收系统,可以进入高效率的"边走边充"模式。当有大动力需求时,例如在需要急加速的工况、在车辆爬陡坡的工况下,整车动力需求大时,发动机和电动机一起来驱动车轮,动力性能最大化。

3. 燃油模式

在动力蓄电池电量不足的情况下,依靠发动机驱动车辆。

二、任务实施

(一) 工作准备

1. 作业场地

选择带有消防设施的作业场地。

2. 设备设施

实训车辆、举升机。

3. 工量辅具

手电筒、车轮挡块。

(二) 实施步骤

1. 查询车辆基本信息

(1) 踩下制动踏板,打开点火开关。

(2) 确认挡位置于 P 挡,拉起驻车制动器操纵杆,关闭点火开关。

(3) 放置车轮挡块。

(4) 查找车辆 VIN,查询车辆出厂时间及其他关键信息。

(5) 找到车辆铭牌,查询并记录车辆主要参数。

2. 检查前机舱

(1) 打开前机舱盖,铺设翼子板三件套。

(2) 检查燃油动力系统各部件是否完好。

(3) 检查燃油动力系统插头是否牢固,线束有无破损。

(4) 检查低压控制系统各部件是否完好。

(5) 检查低压控制系统插头是否牢固,线束有无破损。

(6) 检查高压动力系统各部件是否完好。

(7) 检查高压动力系统插头是否牢固,线束有无破损。

3. 检查动力蓄电池

(1) 将车辆停放至举升工位。

(2) 调整举升臂位置,将车辆举升至合适高度。

(3) 检查车辆传动系统是否完好。

(4) 检查动力蓄电池低压控制系统插头是否牢固,线束有无破损。

(5)检查动力蓄电池高压动力系统插头是否牢固,线束有无破损。

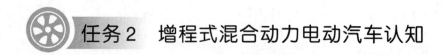

📝 任务描述

由于增程式混合动力电动汽车能有效解决纯电动汽车续驶里程短的问题,近年来发展迅速。请通过查询增程式混合动力电动汽车的基本信息及结构,找到关键零部件位置,并记录其基本信息,并填写相应的任务工单。

一、知识准备

(一)增程式混合动力电动汽车的定义

增程式混合动力电动汽车(Extended Range Electric Vehicle,EREV)是一种在纯电模式下可以达到其所有的动力性能,而当车载可充电储能系统无法满足续驶里程要求时打开车载辅助供电装置为动力系统提供电能,以延长续驶里程的电动汽车,且该车载辅助供电装置与驱动系统没有传动轴(带)等传动连接。

(二)增程式混合动力电动汽车的特点

增程式混合动力电动汽车是一种可增加续驶里程的纯电动汽车,兼有混合动力电动汽车和纯电动汽车的特征。增程式纯电动汽车的特点如下:

(1)在电量消耗模式下,发动机不起动,由动力蓄电池驱动整车行驶,这样可减少对石油的依赖。

(2)在动力蓄电池电量不足时,为了保证车辆性能和蓄电池组的安全性,进入电量保持模式,由动力蓄电池和发动机联合驱动整车行驶。

(3)整车纯电动续驶里程满足大部分用户每天行驶里程要求,动力蓄电池可利用晚间低谷电力充电,缓解供电压力。

(4)整车大部分情况下在电量消耗模式下行驶,能达到零排放和低噪声的效果。

(5)发动机与机械系统不直接相连,发动机可工作于最佳效率点,大大提高整车燃油效率。

(三)增程式混合动力电动汽车的结构

增程式混合动力电动汽车动力传动系统由电驱动系统、增程器系统、功率分配装置、动力蓄电池等组成。

1. 电驱动系统

电驱动系统由驱动电动机及牵引力驱动控制装置组成,为车辆行驶提供动力。

2. 增程器系统

增程器系统由发动机、发电机和发电机驱动控制装置组成。增程器是增程式电动汽车驱动系统的关键组件。由于发动机与传动系统分离,发动机的转速和转矩与车速和牵引转矩的需求无关,通常控制发动机使其运行在最佳工况区,此时发动机的油耗和排放降到最低程度,再通过发电机将发动机工作的动能转化成三相交流电,然后发电机驱动控制器将交流电流转化成直流,如图 2-2 所示。

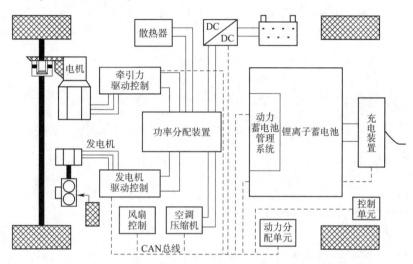

图 2-2 增程式混合动力电动汽车动力传动系统结构图

3. 功率分配装置

功率分配装置根据工况、动力蓄电池电量,作出牵引力驱动控制的功率分配。

(四) 增程式混合动力汽车的工作模式

为使整个动力传动系统中机械部件和电气部件协调工作,基于增程式电动汽车的结构,将增程式电动汽车的工作模式分为以下两种。

1. 纯电动模式

纯电动模式能量传递线路图如图 2-3 所示。纯电动模式下,电动机与发动机和发电机无关,蓄电池是唯一的动力源,这种工作模式与纯电动汽车一样,相当于一辆纯电动汽车。不同之处是,增程式的纯电动行驶里程可以设置得相对较小,不必装备大量的蓄电池组,蓄电池的电量能够满足车辆起步、加速、爬坡、怠速,以及驱动汽车空调等附件的使用要求。

图 2-3 纯电动模式能量传递路线

2. 增程模式

增程模式能量传递路线如图2-4所示。在蓄电池的电达到预设的 SOC 最低值时,增程器系统启动,发动机运行在最佳的状况,使发电机发电,一部分电量用于驱动车辆行驶,其余的电量为蓄电池充电。增程模式的发动机可以有多种工作方式,根据控制策略的不同,可以选择发动机恒功率模式、功率跟随模式、恒功率与功率跟随模式结合,此外有智能控制策略和优化算法控制策略等复杂控制策模式。

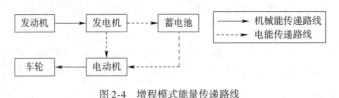

图2-4 增程模式能量传递路线

二、任务实施

(一) 工作准备

1. 作业场地

选择带有消防设施的作业场地。

2. 设备设施

实训车辆。

3. 工量辅具

手电筒、车轮挡块、温度计。

(二) 实施步骤

1. 查询车辆基本信息

(1) 踩下制动踏板,打开点火开关,记录仪表板信息。

(2) 确认挡位置于 P 挡,拉起驻车制动器操纵杆,关闭点火开关。

(3) 放置车轮挡块。

(4) 查找车辆 VIN,查询车辆出厂时间及其他关键信息。

(5) 找到车辆铭牌,查询并记录车辆主要参数。

2. 检查前机舱

(1) 打开前机舱盖,铺设翼子板三件套。

(2) 检查增程器系统各部件是否完好。

(3) 检查增程器系统插头是否牢固,线束有无破损。

(4) 检查低压控制系统各部件是否完好。

(5) 检查低压控制系统插头是否牢固,线束有无破损。

(6) 检查高压动力系统各部件是否完好。

(7)检查高压动力系统插头是否牢固,线束有无破损。

3.检查动力蓄电池

(1)将车辆停放至举升工位。

(2)调整举升臂位置,将车辆举升至合适高度。

(3)检查车辆传动系统是否完好。

(4)检查动力蓄电池低压控制系统插头是否牢固,线束有无破损。

(5)检查动力蓄电池高压动力系统插头是否牢固,线束有无破损。

任务3 氢燃料电池电动汽车认知

任务描述

燃料电池电动汽车也是一种电动汽车,可以在5min内给电池灌满燃料。虽然燃料电池电动汽车目前很少,请同学们查阅相关资料,分析一下氢燃料电池电动汽车都由哪些部分组成?请参照实训车辆,描述氢燃料电池电动汽车中各个零部件的位置和功能,并填写相应的任务工单。

一、知识准备

(一)燃料电池电动汽车定义

燃料电池电动汽车(Full Cell Vehicle,FCV),是一种以燃料电池系统作为单一动力源或者以燃料电池系统与可充电储能系统作为混合动力源的电动汽车。车载燃料电池装置所使用的燃料为高纯度氢气或含氢燃料经重整所得到的高含氢重整气。重整燃料电池电动汽车的结构比氢燃料电池电动汽车复杂得多。通过燃料的化学反应,可以使正负电极之间产生电量,驱动车辆行驶。

由于采用压缩氢气作为燃料在技术性上最为简单可行,目前现代、丰田、戴姆勒克莱斯勒、本田等公司都陆续推出氢燃料电池电动汽车,如图2-5所示。

(二)氢燃料电池的工作原理

氢燃料电池是一种将氢气作为燃料,通过化学反应产生电能的装置。相比传统燃烧燃料的方法,氢燃料电池有着更高的能源转化效率和更低的排放量,成为未来环保能源的重要技术之一。

氢燃料电池的基本原理是利用氢气和氧气在电极上发生氧化还原反应,从而产生电能。该反应式如下:

$$2H_2 + O_2 \rightarrow 2H_2O + 2e^- \tag{2-1}$$

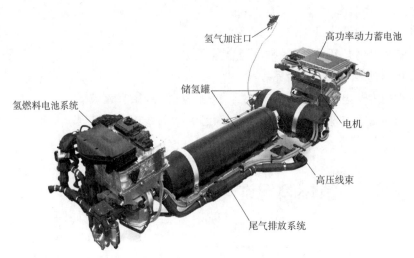

图 2-5 氢燃料电池电动汽车

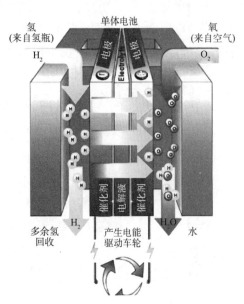

图 2-6 氢燃料电池工作原理

其中,氢气在阳极上被氧化成离子和电子,而氧气在阴极上被还原成水。离子通过电解质传递到阴极,电子则通过外部电路传递到阳极,形成电流。由于氧化还原反应产生的电位差,电流可以用于驱动外部电路和设备,如图 2-6 所示。

(三)氢燃料电池电动汽车结构

氢燃料电池电动汽车动力系统由燃料电池系统、辅助动力源、DC/DC 变换器、DC/AC 逆变器、电动机和动力电控系统等组成。

1. 氢燃料电池电动汽车系统

在氢燃料电池电动汽车系统中,为保证燃料电池的正常工作,还装有氢气供给系统、氧气供给系统、水循环系统和电能转换系统等。只有这些辅助系统匹配恰当和正常运转,才能保证燃料电池反应系统正常运转,如图 2-7 所示。

(1) 氢气供给系统。氢气供给系统的功能包括氢的储存、管理和回收。气态氢的储存装置通常用高压储气瓶来装载,对高压储气瓶的品质要求很高,为保证燃料电池电动汽车一次充气有足够的行驶里程,就需要多个高压储气瓶来储存气态氢气。

(2) 氧气供应系统。氧气的来源有从空气中获取的氧气或从氧气罐中获取的氧气。需要用压缩机来提高压力,以增加燃料电池反应的速度。

(3) 水循环系统。燃料电池发动机在反应过程中将产生水和热量,在水循环系统中用冷凝器、气水分离器和水泵等对反应生成的水和热量进行处理,其中一部分水可以用于空气的加湿。另外,还需要装置一套冷却系统,以保证燃料电池的正常运作。

(4)电能转换系统。燃料电池所产生的是直流电,需要经过 DC/DC 变换器进行调节,在采用交流电动机的驱动系统中,还需要逆变器将直流电转换为三相交流电。

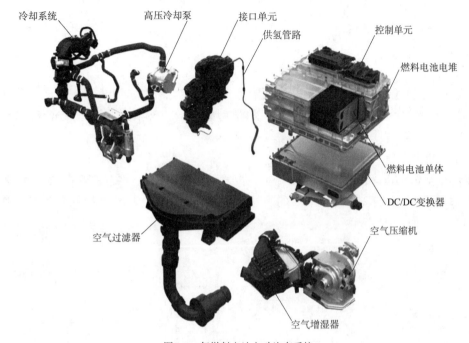

图 2-7 氢燃料电池电动汽车系统

2. 辅助动力源

氢燃料电池的发动机是主要电源,另外还配备有辅助动力源,可以用蓄电池组、飞轮储能器或超大容量电容器等共同组成双电源系统。可以出现以下驱动模式:

(1)在 FCV 起动时,由辅助动力源提供电能带动燃料电池发动机起动,或带动车辆起步。

(2)车辆行驶时,由燃料电池发动机提供驱动所需全部电能,剩余的电能储存到辅助动力源装置中。

(3)在加速和爬坡时,若燃料电池发动机提供的电能还不足以满足 FCV 驱动功率要求,则由辅助动力源提供额外的电能,使驱动电动机的功率或转矩达到最大,形成燃料电池发动机与辅助动力源同时供电的双电源的供电模式。

(4)储存制动时反馈的电能,以及向车辆的各种电子、电气设备提供所需要的电能。

3. DC/DC 变换器

燃料电池上的各种电源的电压和电流受工况变化的影响而不稳定,为了满足驱动电机对电压和电流的要求及对多电源电力系统的控制,燃料电池装有 DC/DC 变换器,其主要功能概括起来包括以下 3 点:

(1)调节燃料电池的输出电压。由于燃料电池的输出电压随负载的变化而变化,轻载时输出电压偏高,重载时输出电压偏低,所以借助 DC/DC 变换器对燃料电池的输出电压进行调节。

（2）调节整车能量分配。燃料电池电动汽车是一种混合动力汽车，具有燃料电池和动力蓄电池两种能源，控制燃料电池的输出能量就可以控制整车能量的分配。DC/DC变换器用于控制燃料电池的能量输出。

（3）稳定整车直流母线电压。燃料电池的输出电压经过DC/DC变换器后能稳定整车直流母线电压。

4. 驱动电机

燃料电池电动汽车用的驱动电机主要有直流电动机、交流电动机、永磁电动机和开关磁阻电动机等。燃料电池电动汽车驱动电机的选型必须结合整车开发目标，综合考虑电动机的特点。

5. 动力电控系统

燃料电池电动汽车的动力电控系统主要由发动机管理系统、蓄电池管理系统、动力控制系统及整车控制系统组成，而原型车的变速器系统会简化很多，其系统结构框图如图2-8所示。

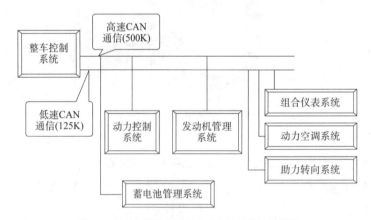

图2-8　燃料电池电动汽车动力电控系统结构框图

（1）发动机管理系统。发动机管理系统按整车控制器的功率设定值，控制燃料电池发动机的功率输出，监测发动机的工作状态，保证发动机稳定可靠地运行，对发动机运行状态进行监测以及故障诊断。发动机管理系统具体组成包括供氢系统、供氧系统、水循环及冷却系统。

（2）蓄电池管理系统。蓄电池管理系统分上下两级，下级单体蓄电池管理控制器（LECU）负责蓄电池组电压温度等物理参数的测量，进行过充过放保护及组内组间均衡；上级CECU负责动力蓄电池组的电流检测及SOC估算以及相关的故障诊断，同时运行高压漏电保护策略。

（3）动力控制系统。动力控制系统包含DC/DC变换器、DC/AC逆变器、DCL和空调控制器及空调压缩机变频器，以及电动机冷却系统控制器。DC/DC变换器和DC/AC逆变器的作用如前所述，低压直流变换器（DCL）负责将高压电源转换为系统零部件所需的12V/24V低压电源，电动机冷却系统控制器负责电动机及动力控制单元（PCU）的水冷却系统控制。

（4）整车控制系统。整车控制系统的核心是多能源控制策略（包括制动能量回馈功能),它一方面接收来自驾驶人的需求信息(如点火开关、加速踏板、制动踏板、变速信息等)实现整车工况控制;另一方面基于反馈的实际工况(如车速、制动、电动机转速等)以及动力系统的状况(燃料电池及动力蓄电池的电压、电流等),根据预先匹配好的多能源控制策略进行能量分配调节控制。当然,整车的故障诊断及管理也由整车控制系统负责。

(四)氢燃料电动电池汽车特点

氢燃料电池电动汽车技术与传统汽车、纯电动汽车技术相比,具有以下优点:

(1)效率高。燃料电池的工作过程是化学能转化为电能的过程,不受卡诺循环的限制,能量转换效率较高,可以达到30%,而汽油机和柴油机汽车整车效率分别为16%~18%和22%~24%。

(2)续驶里程长。采用燃料电池系统作为能量源,克服了纯电动汽车续驶里程短的缺点,其长途行驶能力及动力性已经接近于传统汽车。

(3)绿色环保。燃料电池没有燃烧过程,以纯氢作为燃料,生成物只有水,属于零排放。采用其他富氢有机化合物用车载重整器制氢作为燃料电池的燃料,生产物除水之外还可能有少量的CO_2,接近零排放。

(4)过载能力强。燃料电池除了在较宽的工作范围内具有较高的工作效率外,其短时过载能力可达额定功率的200%或更大。

(5)低噪声。燃料电池属于静态能量转换装置,除了空气压缩机和冷却系统以外无其他运动部件,因此与内燃机汽车相比,氢燃料电池电动汽车运行过程中噪声和振动都较小。

氢燃料电池电动汽车在发展的过程中,除了氢气的制备、运输、安全等方面存在困,还存在很多问题,主要缺点如下:

(1)氢燃料电池电动汽车的制造成本和使用成本过高。燃料电池发动机的制造成本居高不下,约为3万元/kW,与传统内燃机仅200~350元/kW相比,差距巨大,使用成本过高。一辆燃料电池电动汽车总的动力成本达40元/(kW·h)。

(2)辅助设备复杂,且质量和体积较大。氢气燃料需要高压、低温和防护的特种储存罐,导致体积庞大,带来了许多不便。

(3)起动时间长,系统抗振能力有待进一步提高。采用氢燃料电池的起动时间一般需要3min。此外,在受到振动或者冲击时,各种管道的连接和密封的可靠性需要进一步提高,以防止泄漏,导致效率降低,严重时还会引发安全事故。

二、任务实施

(一)工作准备

1. 作业场地

选择带有消防设施的作业场地。

2. 设备设施

实训车辆。

3. 工量辅具

车轮挡块。

(二)实施步骤

(1)确认挡位置于 P 挡,拉起驻车制动器操纵杆。
(2)放置车轮挡块,打开前机舱盖,铺设翼子板三件套。
(3)指认氢燃料电池电动汽车燃料电池堆的位置,并描述其功能。
(4)指认氢燃料电池电动汽车辅助动力源的位置,并描述其功能。
(5)指认氢燃料电池电动汽车 DC/DC 变换器的位置,并描述其功能。
(6)指认氢燃料电池电动汽车 DC/AC 逆变器的位置,并描述其功能。
(7)指认氢燃料电池电动汽车电动机的位置,并描述其功能。
(8)指认氢燃料电池电动汽车动力电控系统的位置,并描述其功能。

任务4　太阳能汽车认知

任务描述

2023 年 6 月,中国首款太阳能汽车——"天津号"已经亮相世界智能大会,展示了中国在新能源汽车领域的创新成果和领先优势。虽然太阳能电池汽车目前很少,请同学们查阅相关资料,分析一下太阳能汽车都由哪些部分组成?参照实训车辆,描述太阳能汽车中各个零部件的位置和功能,并填写相应的任务工单。

一、知识准备

(一)太阳能汽车定义

太阳能汽车是利用太阳能电池将太阳能转换为电能,并利用该电能作为能源驱动行驶的汽车,它是电动汽车的一种,如图 2-9 所示。

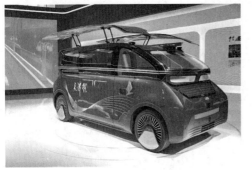

图 2-9　太阳能汽车

(二)太阳能汽车的特点

太阳能汽车是真正的绿色能源汽车。它的结构与普通汽车又有很大的不同,太阳能汽车的特点如下:

(1)以光电代替石油,可节约有限的石油资源。
(2)无污染、无噪声。因为不用燃油,太阳能汽车不会排放污染大气的有害气体。没有内燃机,太阳能电动车在行驶时听不到燃油汽车内燃机的轰鸣声。太阳能汽车基本上无须日常维护,省去了传统汽车必须经常更换机油、添加冷却水等定期维护的烦恼。

(3)太阳能是一种新型的可再生能源,越来越被广泛利用。

当然,太阳能汽车的缺点也很明显:

(1)能量小,驱动力不足,载重量低。

(2)太阳能汽车的首要资源是太阳,如果碰到阴雨天气或者晚上就不能出行,受天气和时间的限制。

(3)太阳能辐射强度较弱,光伏电池板造价昂贵。

(三)太阳能汽车的组成

太阳能汽车主要由太阳能电池组、自动阳光跟踪系统、驱动系统、控制器、机械系统等组成。

(1)太阳能电池组。

太阳能电池组是太阳能汽车的核心,由一定数量的太阳能电池单体串联或并联组成电池方阵;太阳能单体电池由半导体材料制成,当太阳光照射在该半导体材料上时,形成了太阳能电池。太阳能电池的电流大小与太阳光照射强度的大小和太阳能电池面积的大小成正比。车用太阳能电池将很多太阳能电池排列组合成太阳能电池板,以产生所需要的大电流和高电压。

(2)自动阳光跟踪器。

太阳能电池能量的多少取决于太阳能电池板接收太阳辐射能量的数量,由于相对位置的不断变化,太阳电池板接收的太阳辐射能量也在不断变化。自动阳光跟踪器的作用就是保持太阳电池板正对着太阳,最大程度地提高太阳电池板接收太阳辐射能的能力。

(3)驱动系统。

太阳能汽车采用的驱动电动机主要有交流异步电动机、永磁式电动机、直流电动机等,其驱动系统与电动汽车基本相同。

(4)控制器。

控制器主要对太阳能电池组进行管理和对电动机进行控制,其作用与电动汽车控制系统相同。

(5)机械系统。

机械系统主要包括车身系统、底盘系统和操纵系统等。太阳能汽车最具魅力的可以说是车身了。除了满足汽车的安全和外形尺寸要求外,汽车的外形是没有其他限制的。一般来说,太阳能汽车的外形设计要使行驶过程中的风阻尽量小,同时又要使太阳能电池板的面积尽量大。太阳能汽车要求底盘的强度和安全度达到最大,且质量尽量轻。

由于太阳能电池的能量较小,而且受天气的影响,在阴天、下雨时,太阳能电池的转换效率会降低或转换停止,所以,太阳能汽车往往与蓄电池组共同组成太阳能混合动力电动汽车。当太阳强烈,转换的电能充足时,由太阳能电池板将太阳能转换为电能后,通过充电器向动力蓄电池组充电；也可以由太阳能电池板直接提供电能，通过电流变换器将电流输送到驱动电机，驱动汽车行驶。当太阳较弱或阴天时，则靠蓄电池组对外供电。

(四) 太阳能在汽车上的应用形式

太阳能在汽车上的应用形式主要有两个方面：

(1) 作为驱动力。

完全以太阳能为驱动力代替传统燃油，这种太阳能汽车不论是在外观还是在运行原理上都与传统燃油汽车有很大的不同。太阳能汽车已经没有发动机、底盘、驱动、变速器等构件，而是由电池板、储电器和电机组成。利用贴在车体外表的太阳电池板，将太阳能直接转换成电能，再通过电能的消耗，驱动车辆行驶。车的行驶快慢只要控制输入电机的电流就可以实现，如图2-10所示。目前，此类太阳能汽车的车速最高能达到100km/h以上，而无太阳光最大续驶能力也在100km左右。

(2) 用作汽车辅助设备的能源。

太阳能和其他能量混合驱动汽车，太阳能辐射强度较弱，光伏电池板造价昂贵，加之受蓄电池容量和天气的限制，使得完全靠太阳能驱动的汽车的实用性受到极大的限制，不利于推广。复合能源汽车外观与传统汽车相似，只是在车表面加装了部分太阳能吸收装置，比如车顶电池板，用于给蓄电池充电或直接作为动力源。这种汽车既有汽油发动机，又有电动机，汽油发动机驱动前轮，蓄电池给电动机供电驱动后轮，电动机用于低速行驶，如图2-11所示。当汽车达到某一速度以后，汽油发动机起动，电动机脱离驱动轴，太阳能汽车便像普通汽车一样行驶。

图2-10 太阳能作为驱动力

图2-11 太阳能用作汽车辅助设备的能源

二、任务实施

(一) 工作准备

1. 作业场地

选择带有消防设施的作业场地。

2. 设备设施

实训车辆。

3. 工量辅具

车轮挡块。

(二) 实施步骤

(1) 确认挡位置于 P 挡，拉起驻车制动器操纵杆。
(2) 放置车轮挡块，打开前机舱盖，铺设翼子板三件套。
(3) 指认太阳能汽车电池板布置的位置，并描述其功能。
(4) 指认太阳能汽车自动阳光跟踪器的位置，并描述其功能。

任务5　代用燃料汽车认知

📝 任务描述

天然气作为汽油的代替燃料，由于价格便宜，非常受出租汽车驾驶员青睐。请查阅资料，并结合现有的实训车辆，分析天然气汽车由哪些部分组成，参照实训车辆，描述代用燃料汽车中各个零部件的位置和功能，并填写相应的任务工单。

一、知识准备

(一) 代用燃料汽车定义

代用燃料汽车是指在现有车辆结构不作根本改变的条件下，使用原始资源较为丰富、能满足现有常规传统汽车使用性能的替代燃料，且能方便过渡到优化使用的"汽车"。

按照范围的大小，新能源汽车可以分为广义新能源汽车和狭义新能源汽车。

广义新能源汽车，包括纯电动汽车、燃料电池电动汽车这类全部使用非石油燃料的汽车，也包括混合动力电动汽车、乙醇汽油汽车等部分使用非石油燃料的汽车。目前存在的所有新能源汽车都包括在这一概念里，具体分为：混合动力电动汽车、纯电动汽车、燃料电池电动汽车、醇醚燃料汽车、天然气汽车等。

狭义新能源汽车，可以参考国家《新能源汽车生产企业及产品准入管理规则》的规定：新能源汽车是指采用非常规的车用燃料作为动力来源，综合车辆的动力控制和驱动方面的先进技术，形成的具有新技术、新结构、技术原理先进的汽车。

(二) 气体燃料汽车

气体燃料汽车主要包括天然气汽车和液化石油气汽车。

1. 天然气汽车

天然气汽车(图 2-12)以天然气作为汽油、柴油的代用燃料。由于节能环保，很多城市的公交车和出租汽车改用天然气作为燃料,这是减少城市空气污染的一项有效措施。

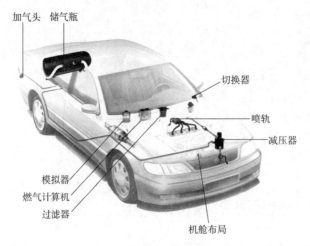

图2-12 天然气汽车的结构

按照所使用天然气燃料状态的不同,可以分为压缩天然气(Compressed Natural Gas, CNG)和液化天然气(Liquefied Natural Gas,LNG)。

(1)压缩天然气是指压缩到20.7~24.8MPa的天然气,储存在车载高压气瓶中。它是一种无色透明、无味、高热量、密度比空气小的气体,主要成分是甲烷,由于组分简单,易于完全燃烧,加上燃料含碳少、抗爆性好、不稀释润滑油,能够延长发动机使用寿命。图2-13所示为电控CNG/汽油供给系统工作原理图。

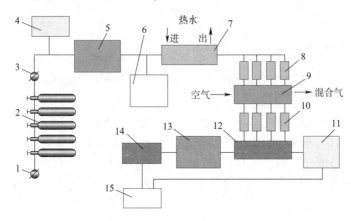

图2-13 电控CNG/汽油供给系统

1-充装阀;2-储气瓶;3-输出阀;4-压力表;5-天然气电磁阀;6-气量显示器;7-减压调节器;8-天然气喷射器;9-进气歧管;10-喷油器;11-油压调节器;12-燃烧分配器;13-汽油电磁阀;14-汽油泵;15-汽油箱

(2)液化天然气是指常压下、温度为-162°C的液体天然气,储存于车载绝热气瓶中。液化天然气燃点高、安全性能强,适于长途运输和储存。

目前,世界上使用较多的是压缩天然气汽车。

2.液化石油气汽车

以液化石油气(Liquefied Petrol Gas,LPG)为燃料的汽车称为液化石油气汽车。液化石油气是丙烷(C_3H_8)和丁烷(C_4H_{10})的混合物,有的还伴有少量的丙烯(C_3H_6)和丁烯(C_4H_8)。LPG 本身无色无味,为了便于察觉,确保安全使用,在液化石油气中一般加入了具有明显臭味的硫醇、硫醚或含硫化合物配制的加臭剂。液化石油气汽车与燃油汽车相比,具有污染小、经济性和安全性好等优点,受到各国的重视。

液化石油气汽车和天然气汽车结构类似,也是增加了一套燃气供给系统,如图 2-14 所示。

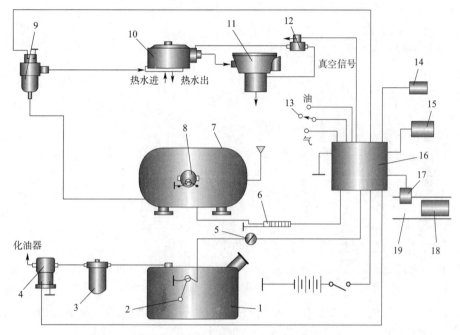

图 2-14 电控 LPG/汽油供给系统

1-汽油箱;2-油位传感器;3-汽油滤清器;4-电动汽油泵;5-汽油表;6-辅助液面显示器;7-气瓶;8-集成阀;9-LPG 电磁阀;10-蒸发调压器;11-混合器;12-真空电磁阀;13-燃料转换开关;14-节气门位置传感器;15-发动机转速传感器;16-ECU;17-氧传感器;18-三元催化转换器;19-发动机排气管

(三)生物燃料汽车

生物燃料是指生物资源生产的醇类燃料和生物柴油等,它可以替代由石油制取的汽油和柴油,是可再生能源开发利用的重要方向。生物燃料汽车就是以生物燃料为能源的汽车。

1. 甲醇燃料汽车

1)甲醇的生产来源

甲醇的来源广,制取方式多,可以从煤炭、天然气、煤层气、可再生生物资源、分类垃圾等物资中制取。世界甲醇生产主要集中在天然气资源丰富的地区,其中亚太地区的生产能力约占世界总产能的 30%,我国甲醇生产原料以煤为主。

2)甲醇燃料的优点

(1)来源广泛,可部分缓解石油紧缺的现状。

(2)含氧量高,燃烧充分,是一种绿色环保燃料。

(3) 燃烧特性能有效地消除燃烧系统各部位的积炭,避免了因积炭的形成而引起动力下降、燃烧不充分等现象,且可降低各工况排气温度,有利于降低零部件热负荷,延长发动机部件的使用寿命。

(4) 甲醇是一种性能优良的溶剂,能有效地消除油箱及油路系统中杂质的沉淀和凝结,有良好的油路疏通作用。

(5) 汽油发动机无须或只花费很低成本的改装费用,就可使用甲醇汽油。

(6) 甲醇汽油辛烷值高、动力强,适用于高压缩比发动机,可提高发动机的效率。

3) 甲醇燃料的缺点

(1) 甲醇燃料汽车的动力性下降。

(2) 具有腐蚀性。

(3) 甲醇汽油的稳定性需要增强。

(4) 甲醇汽油具有溶胀性。

(5) 甲醇汽油具有高温气阻性。

(6) 甲醇燃料的低温起动性差。

(7) 甲醇的溶水性强。

2. 乙醇燃料汽车

1) 乙醇的生产来源

乙醇(C_2H_5OH)生产主要有化学合成法和生物发酵法。

(1) 化学合成是以乙烯加水合成乙醇,该方法产生的杂质较多,且乙烯是石油的工业副产品,在石油日益短缺的情况下,该方法应用受到限制。

(2) 生物发酵法生产乙醇的生产原料有三类:第一类是含糖作物与副产物,如甘蔗、甜菜、甜高粱和糖蜜等;第二类是淀粉质作物,如玉米、高粱、小麦、红薯和马铃薯等;第三类是纤维素、半纤维素生物质原料,如木材、木屑和谷物秸秆等。

2) 乙醇燃料的优点

(1) 乙醇的生产资源丰富,并且都是可再生资源,使用乙醇燃料可减少对石油资源的依赖。

(2) 有害物质排放减少。乙醇含氧量高达35%,含10%乙醇的甲醇汽油中,含氧量能达到3.5%,有利于燃油充分地燃烧,降低CO和HC的排放量。

(3) 乙醇辛烷值高,抗爆性好,可通过增加压缩比来提高发动机的热效率和动力性。另外,乙醇蒸发潜热大,可提高发动机的进气量,进一步提高发动机的动力性。

(4) 车用乙醇燃料的燃烧特性能有效避免火花塞、燃烧室、气门、排气管消声器部位积炭的形成。

(5) 对汽车发动机无须改动或改动不大,即可使用乙醇燃料。

3) 乙醇燃料的缺点

(1) 蒸发潜热大影响混合气的形成及燃烧速度,使乙醇燃料低温起动和低温运行性能恶化,不加装进气预热系统,燃烧大比例乙醇燃料汽车难以起动。

(2) 乙醇在燃烧过程中会产生乙酸,对汽车金属特别是铜有腐蚀作用。

(3)乙醇是一种优良溶剂,易对汽车的某些密封橡胶及其他合成非金属材料产生轻微的腐蚀、溶胀、软化或龟裂作用。

(4)乙醇易吸于水,乙醇燃料的含水量超过一定值后,乙醇和水产生分层,使乙醇燃料不能正常燃烧。

(5)乙醇的沸点只有78.5℃,在发动机正常工作温度下,也易产生气阻,使燃料供给量降低甚至中断供油。

3. 生物柴油

1)生物柴油的特点

生物柴油指来自动植物油脂的脂肪酸甲酯,是生物质能的一种。生物柴油是以油料作物(如大豆、油菜、棉、棕榈等)、野生油料植物和工程微藻等水生植物油脂以及动物油脂、餐饮垃圾油等为原料油通过酯交换工艺制成的,可代替石化柴油的无毒、可生物降解、可再生的燃料。生物柴油可与普通柴油以任意比混合,制成生物柴油混合燃料。

2)生物柴油的优点

(1)环保性能好。生物柴油含氧量达10%;生物柴油中硫含量低。

(2)具有可再生性。

(3)便于存储和运输。

(4)润滑性能优良。有很好的润滑性,可延长发动机使用寿命。

(5)拥有较好的发动机低温起动性能。在无添加剂时,冷滤点可达-20℃。

(6)抗爆性能好。十六烷值高,可达56~62,高于矿物柴油的50。

(四)二甲醚燃料汽车

1. 二甲醚的特点

二甲醚燃料是近年来新出现的一种汽车代用燃料。二甲醚是一种无毒含氧燃料,常温常压下为无色、无味气体,常温下可在5个大气压下液化,易于储存与输运。

二甲醚具有优良的压燃性,并且自身含氧、组分单一、碳链短、燃烧性良好、热效率高,燃烧过程中无残留物、无黑烟,是一种非常适合于压燃式发动机使用的代用清洁燃料。二甲醚能从煤、煤层气、天然气、生物质等多种资源制取,作为一种新型二次能源,具有很大的发展潜力和市场前景。

2. 二甲醚的生产方法

二甲醚以煤和天然气为原料合成制取,二甲醚的生产方法分为一步法和二步法,一步法是指由原料气一次合成二甲醚,二步法是由合成气合成甲醇,然后再脱水制取二甲醚。

(1)一步法。

一步法是由天然气转化或煤气化生成合成气,合成气再进入合成反应器内,在反应器内同时完成甲醇合成与甲醇脱水两个反应过程和变换反应,产物为甲醇与二甲醚的混合物,混合物经蒸馏装置分离得二甲醚,未反应的甲醇返回合成反应器。

(2)二步法。

二步法是分两步进行的,即先由合成气合成甲醇,甲醇在固体催化剂下脱水制二甲醚。

3. 二甲醚汽车的应用

二甲醚主要用于压燃式发动机,使用方式有以纯液态二甲醚和以二甲醚作为点火促进物质两种方式。在适当加入抑制自燃的物质后,二甲醚也可用于预混的点燃式发动机。

二、任务实施

(一) 工作准备

1. 作业场地

选择带有消防设施的作业场地。

2. 设备设施

实训车辆。

3. 工量辅具

手电筒、车轮挡块、温度计。

(二) 实施步骤

1. 指认燃气汽车上机舱内关键部件位置

(1)确认挡位置于P挡,拉起驻车制动器操纵杆。

(2)放置车轮挡块,打开前机舱盖,铺设翼子板三件套。

(3)指认燃气汽车燃气计算机的位置,并描述其功能。

(4)指认燃气汽车滤清器的位置,并描述其功能。

(5)指认燃气汽车的减压器位置,并描述其功能。

(6)指认燃气汽车的喷轨位置,并描述其功能。

2. 指认燃气汽车上行李舱内关键部件位置

(1)打开行李舱。

(2)指认燃气汽车的储气瓶的位置,并描述其功能。

(3)指认燃气汽车加气头的位置,并描述其功能。

> **拓展阅读**
>
> ### 新能源汽车,创新无限
>
> 随着科学技术的发展,新能源汽车技术也在不断创新。除了之前学过的纯电动汽车、混合动力电动汽车、燃料电池电动汽车、太阳能汽车、代用燃料汽车之外,"新"能源汽车其实还挺多样的。在探索科技的道路上,"脑洞大开"的人们还发明了很多有意思的新能源汽车。
>
> **1. 钍燃料核动力汽车**
>
> 2021年,我国第四代核反应堆技术的钍基熔盐堆核能发电站已经开始试运行了,

由于使用熔盐来储热，也不会产生带辐射的废水、废蒸汽，并且反应完后几乎没有其他废料产生，再加上我国的"钍"含量位于世界第二，所以发展前景就广阔了。这也是"核能汽车"的概念雏形。

福特汽车在20世纪50年代就推出了一款核动力概念车，名为Nucleon。其在两个后轮之间的核反应堆以铀元素的核裂变为能源，能够把水变成高压蒸汽，再推动涡轮叶片驱动汽车行驶。然后，蒸气在冷却之后返回核反应堆里面再次加热。只要核燃料还没用完，它就能不断发出动力。按照当时的设计思想，大约在8000km核燃料耗尽之后，核燃料将能够在路边的"加铀站"得到补充。

2. 盐水动力车

盐水动力车的原理是利用盐水电池的化学反应来产生电能，从而驱动车辆行驶。盐水电池的电解液是盐水，其中含有钠离子和氯离子。当盐水电池工作时，钠离子和氯离子会在电解液中发生化学反应，产生电能。这种化学反应是可逆的，也就是说，当电池放电时，钠离子和氯离子会发生化学反应，产生电能；当电池充电时，电能会使钠离子和氯离子反向运动，从而使电池充电。

一款名为Quante-Sportlimousine的概念跑车，能在2.8s内将速度从0km/h加到96.56km/h，号称加满两箱200L的盐水就能够跑400~600km。

3. 沼气汽车

沼气，很多人对这个词不陌生。沼气就是用禽畜粪便、厨余、杂草等东西发酵后产生的可燃气体，可以用来煮饭、烧水、照明等。这曾经在农村非常火爆，但是后来因为清理麻烦、味道大、沼气产量不稳定等原因，用的人也少了。

在2014年，英国首辆生态汽车Bio-Bug开始运行，就是以人类粪便或废弃食品等产生的甲烷气体为燃料。这种汽车最高速度达到183km/h。每立方米沼气提供给Bio-Bug的动力可以让该车行驶8.5km，也就意味着只需要一个污水处理厂就可以每年提供给Bio-Bug行驶1.53亿km的动力，并且减少1.9万t的二氧化碳排放量。

关于这方面的探索，很多国家也都没放弃。比如，印度在2017年也开始试运行了一款"沼气巴士"，号称利用的牛粪制成的天然气，所以非常环保，运行一天仅消耗8t牛粪，并且价格实惠。

4. 空气动力车

空气动力车，指的是"压缩气体"或者"高压气体"。把空气压缩成液态，再缓慢释放，产生的动能转化为机械能，车就能行驶了。

在2012年第十五届北京科技博览会上，翔天空气动力推出中国第一辆气动客车。据了解，这辆气动客车配备了一个2000L的储气罐，压力达到30MPa，最高速度可达140km/h。

习题

一、填空题

1. 插电式混合动力电动汽车的英文缩写是_____。
2. 插电式混合动力电动汽车拥有_____和_____两套动力系统。
3. 当蓄电池电量不足时,增程式混合动力电动汽车中的发电机用来_____。
4. 增程式混合动力电动汽车有_____和_____两种工作模式。
5. 燃料电池经过化学反应,将化学能变成_____流电。
6. _____的作用就是保持太阳电池板正对着太阳,最大程度地提高太阳电池板接收太阳辐射能的能力。
7. 天然气可以分为_____天然气和_____天然气。

二、判断题

1. 插电式混合动力电动汽车没有变速器。( )
2. 增程式混合动力电动汽车没有外接充电口。( )
3. 增程式混合动力电动汽车中,发动机可以直接带动车轮行驶。( )
4. 氢燃料电池电动汽车中的氢气用于燃烧。( )
5. 氢燃料电池电动汽车无须估算 SOC。( )

三、选择题

1. 插电式混合动力电动汽车不存在以下哪种工作模式?( )
   A. 纯电模式　　　B. 混合动力模式　　　C. 燃油模式　　　D. 增程模式
2. 插电式混合动力汽车的缩写字母是( )。
   A. HEV　　　B. PHEV　　　C. EREV　　　D. FCEV
3. CNG 是( )燃料的英文缩写。
   A. 液化天然气　　　B. 液化石油气　　　C. 压缩天然气　　　D. 压缩石油气
4. 以下哪个选项不是氢燃料电池电动汽车的缺点?( )
   A. 成本高　　　B. 噪声大　　　C. 设备复杂　　　D. 启动时间长
5. 以下哪个选项不是太阳能电池汽车的优点?( )
   A. 绿色环保　　　B. 无污染　　　C. 造价便宜　　　D. 无噪声

项目三
新能源汽车使用与安全防护

知识目标

(1)掌握新能源汽车使用的方法及注意事项。
(2)掌握高压安全防护用具的使用方法及注意事项。
(3)掌握新能源汽车高压断电的方法及注意事项。
(4)掌握触电事故的现场急救的方法及注意事项。
(5)掌握新能源汽车无法起动应急处理的方法及注意事项。
(6)掌握新能源汽车火灾事故应急处理的方法及注意事项。
(7)掌握新能源汽车水灾事故应急处理的方法及注意事项。

技能目标

(1)能正确操作新能源汽车的控制按键及信息查询。
(2)能正确使用高压安全防护用具。
(3)能正确对新能源汽车进行高压断电操作。
(4)能正确对触电事故的现场急救操作。
(5)能正确对新能源汽车无法起动应急处理。
(6)能正确对新能源汽车火灾事故应急处理。
(7)能正确对新能源汽车水灾事故应急处理。

素质目标

(1)培养实习遵守技术标准、规范操作、安全、环保、5S作业的好习惯。
(2)树立技能理想,坚定技能信念,走上技能成才、技能报国之路。
(3)体会并提取《国产新能源,值得"仰望"》的创新要素,以满腔热忱对待一切新生事物,拓展认识的广度和深度。

▶ 学时:14学时

任务1 新能源汽车使用

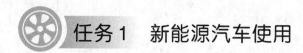

新能源汽车在外观和使用上和传统的燃油汽车差别不大,但还是有所不同。在使用车辆之前,请在起动车辆前检查车辆,并对实训车辆进行起停操作,记录其基本信息,并填写相应的任务工单。

一、知识准备

(一)PDI 检查

PDI 的全称为 Pre-Delivery-Inspection,翻译成中文也就是出厂检验的含义。一般来说,汽车 4S 店为了更好地向顾客确保新车有着完善的可靠和特性,在车辆交货前基本都是会开展免费的 PDI 检测。

PDI 检测的内容主要包括:各控制模块系统数据、动力蓄电池、电机、高压系统部件、灯光系统、制动系统、空调系统、转向系统、冷却系统,检查车轮包括备胎及胎压、蓄电池及各种液位及机舱线束、机舱和车身表面等内容。

(1)车辆基本信息检查标准,见表 3-1。

车辆基本信息检查标准   表 3-1

条目	标准	检查方法
VIN	所有可视 VIN 和车身铭牌一致	目视
车身钢印	字体正确、无歪斜、残缺,深浅一致,清晰可见与铭牌一致	目视
铭牌	完好,无破损,无明显脏污,文字清晰与车身钢印一致	目视
其他标签	完好,无破损,无明显脏污,文字清晰(检查表罗列标签清单)	目视
行驶里程	行驶里程<50km	目视
	行驶里程读数正常	目视

(2)车辆外观检查标准,见表 3-2。

车辆外观检查标准   表 3-2

条目	标准	检查方法
整车漆面	整车无油漆漏涂或剥落,无流挂,无露底划伤、无色差	目视
整车玻璃	无裂痕、碎裂、损伤	目视

项目三 新能源汽车使用与安全防护

续上表

条目	标准	检查方法
整车外饰件 (塑料件、饰条/板)	前后灯具、前后保险杠、门饰条/防擦条、B柱护板/贴膜、前后刮水器臂、行李架、门框镀铬饰条无变形、无划痕、安装良好、无明显配合差	目视
轮胎、轮毂 (型号、品牌、外观)	轮胎外观无鼓包、轮毂无缺损、型号及品牌与配置信息一致	目视
慢充、快速充电口 (加油口,如配置)	慢充、快速充电口、加油口开启/关闭功能无阻滞,慢充充电口解锁、闭锁功能正常	目视
整车钣金	无锈渣、锈蚀侵害; 无清晰可见的磨痕、锉刀印、无凹陷、凹点; 无麻点、压痕	目视
外饰无配合差	确保前机舱盖、车门、保险杠、后部门等部位配合间隙均匀,无明显配合差	目视

(3) 车辆内饰/起动检查标准,见表3-3。

车辆内饰/起动检查标准　　　　　　　　　表3-3

条目	标准	检查方法
外观	整车内饰外观(主副驾仪表台,门护板/扶手/内开手柄,A、B、C、D柱护板,前后座椅,顶篷,地毯,门洞胶条,转向盘/驻车手柄,遮阳板等)无配合差、划伤、脏物	目视、手触
仪表显示	各指示灯状态功能正常	操作、目视
挡位	挡位检查功能正常	操作、目视
制动	制动功能是否正常	操作、目视

(4) 车辆功能检查标准,见表3-4。

车辆功能检查标准　　　　　　　　　表3-4

条目	标准	检查方法
遥控钥匙(2把)	钥匙开锁/锁止、行李舱盖开启/关闭、车窗一键升降、寻车功能正常	操作、目视
门锁、儿童锁	门锁、儿童锁关闭和开启功能正常	操作
门外把手	门外把手手动拉起、回弹功能正常,无阻滞	操作
门内把手	门内拉手拉起、回弹功能正常,无阻滞	操作
转向盘、 转向盘按键功能	转向盘按键功能正常; 转向盘锁止功能正常	操作
前照灯、日间行车灯、 转向辅助灯、雾灯	前照灯近/远光灯开启、切换功能正常,前照灯高度调节功能正常; 日间行车灯、转向辅助灯、雾灯功能正常	操作、目视
转向灯、 危险报警闪光灯	前、后转向灯切换功能正常;危险报警闪光灯工作正常	操作、目视

95

续上表

条目	标准	检查方法
制动灯、高位制动灯、倒车灯、后示廓灯	踩下制动踏板后,制动灯、后示廓灯、高位制动灯同时亮起,工作正常;切换到R挡时,倒车灯亮起	操作、目视
车顶控制单元	前、后顶灯开启功能正常,无阻滞	操作
副仪表台储物盒	滑盖功能正常,储物盒盖滑开后储物盒灯光正常	操作
手套箱	手套箱拉手拉开、关闭阻尼正常	操作
i-control 面板	触摸功能正常,无阻滞	操作
刮水器	前后刮水器功能(挡位)功能正常,喷液功能正常	操作
点烟器及烟灰盒	点烟器按下后15s内跳起,功能正常	操作
仪表盘指示灯	仪表指示灯对应功能开启时,指示灯点亮、熄灭正常	操作
内部灯光	按键灯光常亮,无漏光、闪烁、明显亮度不够(除仪表台各类指示灯/故障灯以外)	操作
电动隐藏式感应门把手	门把手解锁自动展开、上锁折叠功能正常,无阻滞、异响;把手灯无闪烁、漏光	操作
按键、旋钮、开关、拨杆	工作正常、无阻滞、背光正常亮起无闪烁(检查表罗列清单)	操作
车内后视镜	车内后视镜角度调节功能正常,防眩光功能正常	操作、目视
车外后视镜	车外后视镜角度电动调节功能正常,手动/自动折叠功能正常	操作、目视
喇叭功能	喇叭声音正常,无异响	操作、耳听
中央显示屏	上电后,显示屏开启关闭功能正常,横、竖屏调节功能正常,无阻碍(如配置)	操作
空调功能	室外温度≥15℃时,测制冷;室外温度<15℃时,测加热。空调温度变化明显。空调出风口风量大小调节功能正常。调节空调出风模式功能正常,无异响。后排空调温度调节正常	体感
遮阳板	遮阳板折叠、收起正常,无阻滞。	操作
车窗玻璃升降功能	车窗玻璃升、降功能正常,无阻滞,无异响	操作
音响娱乐功能	收音机搜台、开启、关闭功能正常,喇叭声音正常无杂音	操作
座椅功能	手动座椅调节功能正常,无异响,无损坏;电动座椅上下/前后调节、座椅靠背前后调节、腰部支撑调节、座椅加热功能正常(如配置)	操作
行李舱盖微动开关	开启功能正常,无阻滞	操作
通用串行总线(USB)接口	U盘灯点亮	操作
后排座椅拉手	后排座椅调节椅背放倒、收起功能正常无阻滞	操作
安全带	前、后排安全带拉出、回卷无阻滞,锁止功能正常,安全带插拔功能正常。主驾驶人安全带未系提醒功能正常	操作
眼镜盒	开闭合功能正常	操作

(5)车辆前机舱底盘检查标准,见表3-5。

车辆前机舱底盘检查标准　　　　　　　　表3-5

条目	标准	检查方法
前盖锁	前盖锁拉手开启功能正常,前盖闭合功能正常	操作
储物箱	开启、关闭正常,无松动	操作
液位	制动液、防冻液液位在 Max 和 Min 之间	目视
蓄电池	功能正常,外观无破损,整车电源"OFF"挡5min内检测;正负极电压不得低于12.38V	操作
底盘	四轮制动管无漏液,底盘零件表面无露底的划伤	目视

(6)车辆最终环节检查标准,见表3-6。

车辆最终环节检查标准　　　　　　　　表3-6

最终环节检查条目	标准	检查方法
漆标线	漆标线平整、流畅、对称,同一表面无歪斜、歪扭、断点; 同一漆标线不允许溢出至非相关表面; 螺纹螺栓无配合差;漆标宽度均匀、无明显差异	目视
漆面	油漆无漏涂、剥落、流挂、露底划伤; 漆面无明显脏污、锈迹、敲打印、裂纹、凹陷、凹点; 无明显返修痕迹	目视
合格证、一致性证书、环保清单	打印清晰并加盖公章,VIN正确,编号正确,颜色信息与车身颜色一致	目视
手套箱文件	文件(用户手册、救援信息卡、拓印纸)无缺失、破损	目视
行李舱	行李舱盖拉起、卡紧功能正常。工具外包装无破损(拖钩、千斤顶、便携式充电器、三角板、反光背心、补胎液罐、充气泵、螺丝刀)存放位置正确	目视
软件版本	各软件版本升级为最新状态	操作

(二)车辆仪表信息

在仪表设计上,新能源汽车一般设计有一些特殊的故障指示灯,其符号根据具体车型不同可能有所不同,但是其功能基本上是相似的。以下以北汽新能源纯电动汽车为例,介绍新能源汽车仪表指示灯及显示信息的识别与处理方法,其他车型请参照车主手册及维修手册。北汽新能源EV仪表各指示灯如图3-1所示,北汽新能源EV仪表各指示灯解析见表3-7。

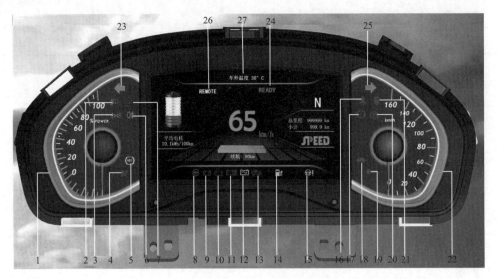

图 3-1 北汽新能源 EV 仪表各指示灯

北汽新能源 EV 仪表各指示灯解析　　　　　表 3-7

序号	功能	序号	功能	序号	功能
1	驱动电机功率表	10	电机及控制器过热指示灯	19	充电线连接指示灯
2	前雾灯	11	动力蓄电池故障指示灯	20	驻车制动器操纵杆指示灯
3	示廓灯	12	动力蓄电池断开指示灯	21	门开指示灯
4	安全气囊指示灯	13	系统故障灯	22	车速表
5	ABS 指示灯	14	充电提醒灯	23	左转向指示灯
6	后雾灯	15	EPS 故障指示灯	24	"READY" 指示灯
7	远光灯	16	安全带未系指示灯	25	右转向指示灯
8	跛行指示灯	17	制动故障指示灯	26	"REMOTE" 指示灯
9	蓄电池故障指示灯	18	防盗指示灯	27	室外温度提示

(三) 车辆仪表显示图标

北汽新能源 EV 仪表显示图标见表 3-8。

北汽新能源 EV 仪表显示图标　　　　　表 3-8

序号	名称	显示位置	符号	颜色	显示文字	点亮条件
1	安全带未系	表盘		红色	请系安全带	当车辆处于 "ON" 状态,驾驶人安全带未系或者乘客安全带未系且乘客有人或重物时

续上表

序号	名称	显示位置	符号	颜色	显示文字	点亮条件
2	安全气囊	表盘		红色	—	当车辆处于"ON"状态,且安全气囊发生故障时
3	车身防盗	表盘		红色	—	车身防盗开启后
4	蓄电池报警灯	显示屏		红色	蓄电池故障	蓄电池电压高/低故障或者DC/DC变换器故障
5	门开报警	表盘		红色	—	主驾驶人门/乘客门/行李舱任意门开时
6	ABS	表盘		黄色	—	车辆ABS发生故障时
7	前雾灯	表盘		绿色	—	前雾灯打开
8	后雾灯	表盘		黄色	—	后雾灯打开
9	前照灯远光	表盘		蓝色	—	远光灯打开
10	左转向	表盘		绿色	—	左转向打开
11	右转向	表盘		绿色	—	右转向打开

续上表

序号	名称	显示位置	符号	颜色	显示文字	点亮条件
12	EBD	表盘		红色	EBD 故障	车辆 EBD 系统发生故障时
13	制动液位	表盘		红色	请添加制动液	车辆制动液位低时
	制动系统故障				制动系统故障	车辆制动系统发生故障时
14	驻车制动器操纵杆未放下	表盘		红色	—	驻车制动器操纵杆拉起时
15	充电提示灯	显示屏		黄色	请尽快充电	充电提醒:电量小于 30% 时指示灯点亮;在电量低于 5% 时,提示"请尽快充电"
16	系统故障	显示屏		红色	—	仪表与整车失去通信时,指示灯持续闪烁;车辆出现一级故障时,指示灯持续点亮
				黄色		车辆出现二级故障时,指示灯持续点亮
17	充电指示灯	表盘		红色	请连接充电枪	充电枪线缆接触不好时,显示"请连接充电枪"
18	"REDAY"指示灯	显示屏		绿色	—	车辆准备就绪时
19	跛行指示灯	显示屏		红色	车辆进入跛行状态	加速踏板故障时
20	EPS 故障	显示屏		黄色	EPS 故障	EPS 发生故障时
21	挡位故障	显示屏		—	—	挡位故障触发后,当时挡位持续闪烁

续上表

序号	名称	显示位置	符号	颜色	显示文字	点亮条件
22	电机冷却液温度过高	显示屏	![符号]	红色	电机冷却液温度过高	当电机或电机控制器温度过高而引起冷却液温度过高时
23	电机转速过高	文字提示区域	—	—	电机转速过高	当电机转速过高时
24	请尽快离开车内	文字提示区域	—	—	请尽快离开车内	当遇到蓄电池严重故障时
25	动力蓄电池断开	显示屏	![符号]	黄色	—	当车辆动力蓄电池断开时
26	动力蓄电池故障	显示屏	![符号]	红色	动力蓄电池故障	当车辆动力蓄电池发生故障时
27	示廓灯	表盘	![符号]	绿色	—	当示廓灯打开时
28	绝缘故障	文字提示区域	—	—	绝缘故障	当车辆发生绝缘系统故障时
29	驱动电机系统故障	文字提示区域	—	—	驱动电机系统故障	当车辆驱动电机系统发生故障时
30	车身控制模块故障	文字提示区域	—	—	车身控制模块故障	当车辆车身控制模块发生故障时

二、任务实施

(一) 工作准备

1. 作业场地

选择带有消防设施的作业场地。

2. 设备设施

实训车辆。

3. 工量辅具

车轮挡块。

(二) 实施步骤

1. 车辆起动准备

(1) 上车前环绕四周,检查车辆周围情况。

(2)目检车辆胎压正常。

(3)目检车身无划痕、损坏。

(4)遥控钥匙解锁车辆,打开车门。

(5)调节座椅前后位置、座椅靠背角度、座椅坐垫高度、头部保护装置高度、转向盘角度和位置。

(6)调节内后视镜和外后视镜角度。

(7)所有车门均关好。

(8)系紧安全带。

2. 起动车辆

(1)插入钥匙。

(2)踩下制动踏板,按下点火开关。

(3)观察仪表显示"READY(OK)"灯点亮。

(4)听前机舱真空助力泵运转声音;若未听到,多次踩下踏板。

(5)观察仪表无故障警报灯。

(6)记下仪表SOC电量及续驶里程。

3. 车辆向前行驶

(1)踩下制动踏板并保持不动,变速器操纵杆由"P"挡置换前进挡"D"挡。

(2)检查液晶显示屏中显示"D"挡信号。

(3)放下驻车制动器操纵杆。

(4)松开制动踏板,同时轻踩电子加速踏板,车辆开始行驶。

(5)如果需要加速,均匀用力,逐渐踩下电子加速踏板;如果需要匀速行驶,电子加速踏板保持在某一开度即可。

4. 倒车

(1)踩下制动踏板,至车辆完全停稳。

(2)保持制动踏板位置不动,将变速器操纵杆置于空挡"N"挡,再将变速器操纵杆置于挡"R"挡。

(3)松开制动踏板,轻踩电子加速踏板,观察后视镜,完成倒车。

5. 停车或驻车

(1)将车辆行驶到合适位置。

(2)踩下制动踏板,待车辆缓慢停稳,右脚保持踩制动踏板位置不动。

(3)待停车停稳后,按下变速器操纵杆上的P挡按键(或挂P挡)。

(4)查看组合仪表显示屏的挡位指示灯,确认车辆的挡位在P挡。

(5)拉起驻车制动器操纵杆。

(6)关闭点火开关。

任务2　使用高压安全防护用具

任务描述

新能源汽车的电压一般在 200～750V 之间。在对新能源汽车进行维护时一定要注意高压安全防护。请在使用高压安全防护用具前,正确对使用物品进行检查,并填写相应的任务工单。

一、知识准备

(一)绝缘手套

绝缘手套是一种用橡胶制成的五指手套,主要用于电工作业,具有保护手或人体的作用,如图3-2所示。一般对绝缘手套有以下要求:

(1)能够承受1000V以上的工作电压。

(2)具备抗碱性。

(3)绝缘手套的保质期是18个月,但是使用6个月必须进行预防性试验。

(4)使用前,检查绝缘手套是否有出现破损、裂痕等现象。

(5)绝缘手套需要定期检验,在每次使用前必须进行泄漏检查。检查的方法是向手套内吹入一定的空气,观察手套是否有漏气的风险。

(6)佩戴绝缘手套的时候,应该将外衣的袖口塞进手套的袖筒里,以免发生事故。

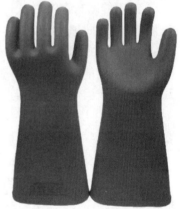

图3-2　绝缘手套

(7)绝缘手套主要是针对电气作业环境使用的,所以切不可以随便拿其他类型的劳保手套来代替绝缘手套,相反也不要轻易拿绝缘手套代替其他劳保手套。

(二)绝缘鞋

绝缘鞋的作用是使人体与地面绝缘,防止电流通过人体与大地之间构成通路,对人体造成电击伤害,如图3-3所示。一般对绝缘鞋有以下要求:

(1)具有透气性能好、防静电、耐磨、防滑等功能。

(2)耐实验电压15kV以下的电绝缘皮鞋和布面电绝缘鞋,应用在工频(50～60Hz)1000V以下的作业环境中,15kV以上的试验电城市的电绝缘胶鞋,适用于工频1000V以上

图 3-3 绝缘鞋

作业环境中。

（3）在使用时应避免锐器刺伤鞋底，使用时鞋面保持干燥，避免高温和腐蚀性物质。

（4）绝缘鞋自出厂后 24 个月为使用有效期。产品在穿用 6 个月后应做一次预防性试验，对于因锐器刺穿的不合格品，不得再当作绝缘鞋使用。

（三）绝缘帽

绝缘帽是指具备电绝缘性能要求的安全帽，如图 3-4 所示，在帽子上会有 "D" 的字母标记。按照《头部防护 安全帽选用规范》（GB/T 30041—2013）进行电绝缘性能实验，用交流 1200V 耐压试验 1min，泄漏电流不应超过 1.2mA。一般对绝缘帽有以下要求：

（1）使用之前应检查安全帽的外观是否有裂纹、碰伤痕迹、凸凹不平、磨损，帽衬是否完整，帽衬的结构是否处于正常状态，安全帽上如存在影响其性能的明显缺陷就及时报废，以免影响防护作用。

（2）不能随意在安全帽上拆卸或添加附件，以免影响其原有的防护性能。

（3）不能随意调节帽衬的尺寸，这会直接影响安全帽的防护性能，落物冲击一旦发生，安全帽会因佩戴不牢脱出或因冲击后触顶直接伤害佩戴者。

图 3-4 绝缘帽

（4）在使用时一定要将安全帽戴正、戴牢，不能晃动，要系紧下颚带，调节好后箍以防安全帽脱落。

（5）经受过一次冲击或做过试验的安全帽应作废，不能再次使用。

（6）注意在有效期内使用安全帽，一般有效期限为 24 个月，超过有效期的安全帽应报废。

（四）护目镜

护目镜，也叫安全防护眼镜，如图 3-5 所示。戴上合适的眼部防护的护目镜可以防止电池液的飞溅。高压电车辆维修用的护目镜应该具有侧面防护功能，防止维修过程中产生的电火花对眼睛的伤害。一般对护目镜有以下要求：

（1）护目镜要选择合适自己的。

（2）佩戴后检查是否稳固、是否会晃动。

（3）不得有肉眼可见的开裂、变形。

（4）佩戴后不应有压迫鼻梁刮擦面部及耳朵的现象。

（5）使用护目镜时专人专用，不能交换使用，防止交叉感染。

（6）护目镜要防止重压，防止对镜片造成损坏。

(7)注意在有效期内使用护目镜,一般有效期限为 24 个月。

(五)绝缘垫

绝缘垫又叫作绝缘地毯、绝缘垫胶板,如图 3-6 所示,是用绝缘性能优良的橡胶制造而成的,适用于各种电工作业场所。一般对绝缘垫有以下要求:

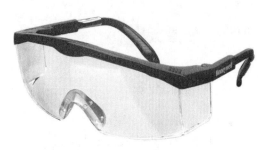

图 3-5　护目镜

(1)绝缘垫应该放置在干燥、平整、无尖锐物体的表面上,以避免损坏绝缘垫。绝缘垫应该完全覆盖电气设备的接地部分,以确保电气设备与地之间的绝缘性能。

(2)在使用绝缘垫时,应该避免使用有缺陷或损坏的绝缘垫,以免影响绝缘效果。

(3)在使用绝缘垫时,应该避免在绝缘垫上放置其他物品,以免损坏绝缘垫。

(4)在使用绝缘垫时,应该遵守相关的安全操作规程,以确保人身安全和设备的正常运行。

(5)注意在有效期内使用绝缘垫,一般有效期限为 24 个月。

(六)绝缘工具

绝缘工具通常分为基本绝缘安全工器具和辅助绝缘安全工器具,如图 3-7 所示。基本绝缘安全工具是指能直接操作带电设备或可能带电物体的维修工具。一般对绝缘工具有以下要求:

(1)使用前检查外观应清洁,无油垢,无灰尘;表面无裂纹、断裂、毛刺、划痕、孔洞及明显变形等。

(2)绝缘工具应存放在干燥、通风场所。

(3)选用尺寸比较合适的绝缘工具,避免因绝缘工具尺寸不符,造成与非绝缘部分的接触而导致意外发生。

图 3-6　绝缘垫

图 3-7　绝缘工具

二、任务实施

(一)工作准备

1. 作业场地

选择带有消防设施的作业场地。

2. 工量辅具

绝缘手套、绝缘鞋、绝缘帽、护目镜、绝缘垫、绝缘工具。

(二)实施步骤

1. 检查绝缘手套

(1)检查绝缘手套耐压等级、生产日期标识。

(2)绝缘手套是否有出现破损、裂痕等现象。

(3)在使用绝缘手套前,请确认裂纹、磨损以及其他损伤。

(4)侧位放置手套,从手套边缘开始卷起手套,折叠一半开口去封住手套,把手套靠近耳边,没有听到漏气声,同时感觉手套压力没有减少,确认无空气泄漏,则证明绝缘手套完好,如图3-8所示。

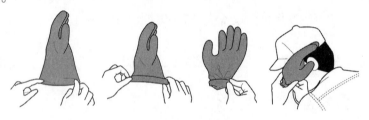

图3-8 检查绝缘手套有无漏气

(5)向手套内吹入一定的空气,将手套口卷紧,挤压手套,检查手套是否有孔洞。

2. 检查绝缘鞋

(1)检查绝缘鞋耐压等级、生产日期标识。

(2)检查绝缘鞋是否脏污、破损。

(3)检查绝缘鞋底是否断裂、潮湿。

3. 检查绝缘帽

(1)检查绝缘帽耐压等级、生产日期标识。

(2)检查绝缘帽外观是否有出现破损、裂痕等现象。

(3)检查帽衬是否完整,帽衬的结构是否处于正常状态。

4. 检查护目镜

(1)检查护目镜镜片是否有划痕。

(2)检查护目镜镜腿是否出现破损、裂痕、松动等现象。

(3)检查佩戴后检查是否稳固,是否会晃动。

任务3　新能源汽车高压断电

任务描述

新能源汽车具有高电压,因此在维护与修理新能源汽车前,必须先按照高电压操作规程执行高压系统的断电操作。请对实训车辆的高压系统进行断电操作,并填写相应的任务工单。

一、知识准备

(一)高压断电

新能源汽车内的电气线路高压回路,电压高达200V以上。因此,车辆设置有高压电气系统上的防护措施,当车辆高压可能危及人员安危时,车辆能及时进行高压断电。

1. 主动泄放

新能源汽车驱动电机控器中含有主动泄放回路。当检测到车辆发生较大碰撞,或高压回路中某处接插件存在拨开状态,或含有高压的高压电控产品存在开盖情况,可在5s内将高压回路直流母线电压泄放到60V以下,迅速释放危险电能,最大限度保证人员安全。

2. 被动泄放

当驱动电机控制器被切断电源后,没有切入专门的放电回路,控制器支撑电容自然放电,2min内将高压回路直流母线电压泄放到60V以下。

3. 高压互锁

当高压系统中某个插接件被带电断开时,动力蓄电池管理便会检测到高压互锁回路存在断路,为保护人员安全,将立即进行报警并断开主高压回路电气连接,同时激活主动泄放。

4. 开盖检测

当发现电机控制器、高压配电盒等带有开盖检测的设备盖子,在整车高压回路连通的情况下打开时,会立即进行报警,高压互锁功能也可以使整车立即断电,并将电机控制器里的大电容进行快速泄放,从而保护维修人员的安全。

5. 碰撞保护

当汽车发生碰撞事故时,碰撞传感器向主控装置发送信号,主控装置接到信号后迅速切断动力电路。

6. 绝缘检测

当车辆检测到动力系统正、负极母线对车身地的绝缘电阻或动力蓄电池负载侧的绝缘阻值低于平安值时,车辆自动切断高压电源。

(二)维修开关

1. 维修开关的作用。

图3-9 维修开关

维修开关(图3-9),是新能源车辆中一种常用的手动操作设备,主要作用是当车辆在以下情况时直接断开高压回路,从而保证操作人员的安全。

在低压电路中,车身往往作为电源负极,但在电动汽车高压电路,正负极都与车身绝缘,如图3-10所示。断开维修开关,可以切断高压电路。

2. 维修开关的位置

不同车型的维修开关位置不同,有的新能源汽车由于不同的安全策略考虑,甚至没有维修开关。维修开关一般是橙色,位于驾驶人右侧手套箱内、后排中间地板下方、前机舱、行李舱等位置,如图3-11所示。

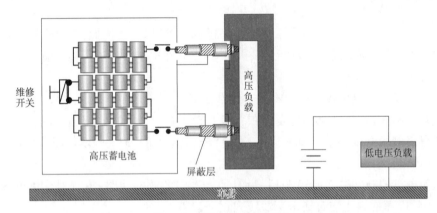

图3-10 电动汽车高低压回路

图3-11 维修开关位置

(三) 操作人员要求

1. 电气作业管理措施

从事电气工作的人员为特种作业人员,必须经过专门的安全技术培训和考核,经考试合格取得安全生产综合管理部门核发的特种作业操作证后,才能独立作业。

电工作业人员要遵守电工作业安全操作规程,坚持维护检修制度,特别是高压检修工作的安全,必须坚持工作票、工作监护等工作制度。

2. 特种作业操作证

特种作业操作证是国家为了规范特种作业人员的安全技术操作,提高特种作业人员的安全技术水平,防止和减少伤亡事故的基本依据。特种作业操作证由安全生产监督管理部门颁发,特种作业人员经培训、考核合格后发证。

特种作业操作证的有效期是6年,3年进行一次复审。

3. 设立安全监护人、持证上岗

设立安全监护人,实操人员持有国家安监局颁发的特种作业操作证。若实操人员暂无证书,则实训教师必须在场指导,确保人身安全。

二、任务实施

(一) 工作准备

1. 作业场地

选择带有消防设施的作业场地。

2. 设备设施

实训车辆。

3. 工量辅具

车轮挡块、绝缘手套、护目镜、常用拆装工具。

(二) 实施步骤

1. 作业前现场环境检查

(1) 设立隔离柱,布置警戒线,隔离间距保持在1～1.5m之间。

(2) 张贴标注"高压危险""有电危险""禁止合闸"等警示牌,防止他人误碰。

(3) 检查维修工位绝缘地垫是否破损脏污。

2. 作业前防护用具检查

(1) 检查绝缘手套外观是否龟裂老化,气密性是否良好。

(2) 检查护目镜镜面是否有划痕裂纹,镜带是否松弛失效。

(3) 检查安全帽外观有无破损,佩戴时必须紧固锁扣。

(4) 检查绝缘鞋外观是否良好,是否有开胶断底等现象,如果有则更换。

3. 低压断电

(1) 确认挡位置于 P 挡，拉起驻车制动器操纵杆。

(2) 关闭点火开关，妥善保管钥匙。

(3) 放置车轮挡块，打开前机舱盖，铺设翼子板三件套。

(4) 使用合适工具松开蓄电池负极螺栓，断开蓄电池负极。

(5) 佩戴绝缘手套，使用工具翘起的维修开关绿色锁止按钮，如图 3-12 所示，向上扳起维修开关的黑色把手呈 90°。

(6) 向上垂直拔出维修开关。将维修开关存放在其他人无法轻易接触的地方。将维修开关安装位置使用绝缘材料覆盖。拔出维修开关后，需等待 5min 以上才能进行高压部件的操作。

图 3-12　维修开关

任务 4　触电事故的现场急救

✏ 任务描述

随着现代生活对电力的依赖，电在身边无处不在。如果身边有人触电，我们作为第一目击者该怎么办？请模拟有人触电的情景，对身边的触电事故进行现场急救，并填写相应的任务工单。

一、知识准备

(一) 高电压与人体伤害

纯电动汽车整车热管理系统，主要包括三个部分：电机及其控制器热管理系统、动力蓄电池热管理系统和空调系统。多热力系统之间相互交织，相互影响。热管理系统一般需要满足下列条件。

1. 人体安全电压

通常，当人体接触到 25V 以上的交流电或 60V 以上的直流电时，就有可能会发生触电事故。人体的触电并不是指人体接触到了很高的电压，是因为过高的电压通过人体这个电阻后，会在人体中形成电流，从而导致人体的伤害。

触电对人体的危害程度，主要取决于通过人体电流的大小和通电时间长短。电流强度越大，致命危险越大；持续时间越长，死亡的可能性越大。根据规定，人体接触的安全电压为不高于 36V，持续接触安全电压为 24V，安全电流为 10mA。

能够引起人感觉到的最小电流值称为感知电流，交流为 1mA，直流为 5mA；人体触电后能自己摆脱的最大电流称为摆脱电流，交流为 10mA，直流为 50mA；在较短的时间内危及生命的电流称为致命电流,致命电流为50mA。在有防止触电保护装置的情况下,人体允许通过的电流一般为30mA。

2. 高电压对人体的伤害形式

1)电击

电击是指电流通过人体,破坏人的心脏、肺及神经系统的正常功能。

一般认为,电流通过人体的心脏、肺部和中枢神经系统的危险性较大,特别是电流通过心脏时,危险性最大。所以,从手到脚的电流途径最为危险。首先是因为沿该条途径有较多的电流通过心脏、肺部等重要器官;其次是从一只手到另一只手的电流途径。

所有的身体功能和人体肌肉运动都是由大脑通过神经系统的电刺激来控制。如果通过人体的电流过高,肌肉开始抽搐,大脑便再也无法控制肌肉组织。如果电流经过胸腔,肺会产生痉挛(呼吸停止),心脏的跳动节奏会被中断(心室纤维化颤动,无法进行心脏的收缩扩张运动)。

触电还容易使人因剧烈痉挛而摔倒,导致电流通过全身并造成摔伤、坠落等二次事故,这是最危险的触电形式。

2)电伤

电伤是指电流的热效应、化学效应和机械效应对人体的伤害,主要指电弧烧伤、熔化金属溅出烫伤等。

(1)热效应。电流导入导出点处会发生烧伤和焦化,也会发生内部烧伤。这会导致肾脏负荷过大,甚至造成致命的伤害。

(2)化学效应。血液和细胞液成为电解液并被电解。这会发生严重的中毒,中毒情况在几天后才能被发现,因此伤害极大。

(3)静态短路的热效应。电路中由于短路,使工具因电流过大而急剧发热,会导致材料熔化,从而可能发生烧伤事故。

(4)融化金属烫伤。由于短路引起火花,金属很快熔化,产生飞溅的火花,飞溅出来的金属颗粒温度超过5000℃,可能引起烧伤以及严重伤害眼睛。

(5)电弧灼伤。带电高压线路接通和断开时所产生的弧光。光辐射可能造成电光性眼炎。

3)电磁场伤害

电磁场伤害是指在高频磁场的作用下,人会出现头晕、乏力、记忆力减退、失眠、多梦等神经系统的症状。

3. 交流与直流触电伤害

直流与交流电压都会对人体产生伤害,但是交流电压对人体伤害的阈值却只有直流的50%。交流电压在人体内产生交流电,会触发肌肉组织和心脏产生颤动。交流电压的频率越低,危险性越大。交流电会触发心室纤维性颤动,如果不进行急救很快就会致命。

(二)脱离电源

电流对人体作用的时间越长,对人生命的威胁越大。所以,触电急救首先要使触电者迅速脱离电源。救护人员既要救人也要注意保护自己,可根据具体情况选用拉、切、挑、拽和垫等方法。

(1)"拉",是指就近拉开电源开关,拔出插销或断路器。

(2)"切",是指用带有绝缘柄或干燥木柄的工具切断电源。切断时应注意防止带电导线掉落碰触到周围的人。对于多芯绞合导线,应分相切断,以防短路伤害人。

(3)"挑",是指如果导线掉落在触电人身上或压在身下,这时可用干燥木棍或竹竿等绝缘工具挑开导线,使之脱离开电源。

(4)"拽",是救护人戴上绝缘手套或在手上包裹干燥的衣服、围巾、帽子等绝缘物体拖拽触电人,使其脱离开电源导线。

(5)"垫",是指如果触电人由于痉挛手指紧握导线或导线缠绕在身上,这时救护人可先用干燥的木板或橡胶绝缘垫塞进触电人身下使其与大地绝缘,隔断电源的通路,然后再采取其他办法把电源线路切断。

在救人的同时也要注意以下事项:

(1)救人时不得采用金属和其他潮湿的物品作为救护工具。

(2)在未采取绝缘措施前,救护人不得直接接触触电者的皮肤、潮湿的衣服以及鞋子。

(3)在拉拽触电人脱离开电源线路的过程中,救护人适合用单手操作,这样做对救护人比较安全。

(4)当触电人处于较高的位置时,应采取预防摔伤措施,预防触电人在解脱电源时从高处坠落摔伤或摔死。

(5)夜间发生触电事故时,在切断电源时会同时使照明断电,应考虑切断后的临时照明,如应急灯等,以利于开展救护工作。

(三) 触电急救

将触电者脱离电源后应立即移到通风处,并将其仰卧,迅速鉴定触电者是否有心跳、呼吸等体征。

(1)判断现场安全性。

(2)判断意识:轻摇触电者肩部,高声问:"喂,你怎么啦?"如认识,可直呼其名快速判断有无呼吸或不能正常呼吸。

①若触电者神志清醒,但感到全身无力、四肢发麻、心悸、出冷汗、恶心或一度昏迷,但未失去知觉,应将触电者抬到空气新鲜、通风良好的地方舒适地躺下休息,让其慢慢地恢复正常。要时刻注意保温和观察,若发现呼吸与心跳不规则,应立刻设法抢救。

②若触电者呼吸停止但有心跳,应用口对口人工呼吸法抢救。

③若触电者心跳停止但有呼吸,应用胸外心脏按压和口对口人工呼吸法抢救。

④若触电者呼吸、心跳均已停止,需同时进行胸外心脏挤压法与口对口人工呼吸法抢救。

(3)拨打"120"电话。

(四)人工呼吸

在做人工呼吸之前,首先要检查触电者口腔内有无异物,呼吸道是否堵塞,特别要注意清理咽喉部分有无痰堵塞。其次,要解开触电者身上妨碍呼吸的衣裤,且维持好现场秩序。

(1)将触电者仰卧,并使其头部充分后仰,将一只手放在患者前额用力使头部后仰,另一只手指放在下颚骨性部位向上抬颚,使下颚尖、耳垂连线与地面垂直,如图3-13所示。

(2)救人时深吸一口气,用双唇包病人口周吹气,松开鼻翼,侧头吸气,连续两次吹气,每次吹气在1s以上,要看到有胸廓起伏。

(3)吹气后应立即离开其口或鼻,并松开触电者的鼻孔或嘴巴,让其自动呼气。

(4)在实行口对口(鼻)人工呼吸时,当发现触电者腹部充气膨胀,应用手按住其腹部,并同时进行吹气和换气。

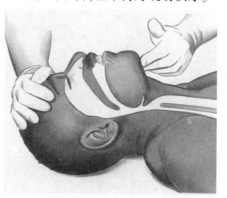

图3-13 触电者头部后仰

(五)胸外按压

胸外按压术是触电者心脏停止跳动后使心脏恢复跳动的急救方法,是每一位电气工作人员应该掌握的救护技能。

(1)首先使触电者仰卧在坚实的地方,解开领口衣扣并使其头部充分后仰,鼻孔向上。

(2)救护者跪在触电者一侧或骑跪在其腰部的两侧,两手相叠,下面手掌根部放在胸骨中下1/3交界处或双乳头与前正中线交界处,如图3-14所示。

(3)将一手的掌根部放在按压区,另一手掌根重叠放于手背上,使第一只手的手指脱离胸壁,以掌跟向下按压(图3-15)。按压频率为至少100次/min。按压幅度为至少5cm或者胸廓前后径的1/3,压下与松开的时间基本相等,压下后应让胸廓充分回弹。

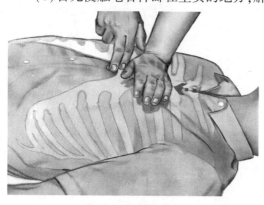

图3-14 胸外按压位置

(4)按压时上半身前倾,双肩正对患者胸骨上方,一只手的掌跟放在患者胸骨中下部,然后两手叠,手指离开胸壁,双臂绷直,以髋关节为轴,借助上半身的重力垂直向下按压。每次抬起时掌根不要离开胸壁,并应随时注意有无肋骨或胸骨骨折,如图3-16所示。

(5)为了达到良好的效果,在进行胸外心脏按压术的同时,必须进行人工呼吸。因为正常的心脏跳动和呼吸是相互联系且同时进行的,没有心跳,呼吸也要停止,而呼吸停止,心脏也不会跳动。

注意:实施胸外心脏按压术时,切不可草率行事,必须认真坚持,直到触电者苏醒或其他救护人员、医生赶到。

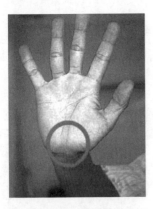

图 3-15　胸外按压手部施力位置

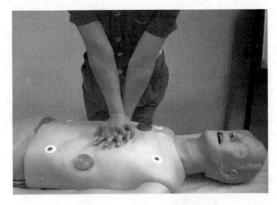

图 3-16　胸外按压手臂动作

(六) 心肺复苏

心肺复苏是指胸外按压和口对口人工呼吸同时进行。一般按压/通气比为 30/2，循环 5 次为一个周期。

由于心肺复苏体力消耗较大，需要 2 人以上进行轮流操作时，每隔 1 个周期，应交替轮换位置，以避免按压者疲劳使按压质量和频率降低，轮换时动作要快，最好短于 5s，以减少按压中断。

二、任务实施

(一) 工作准备

1. 作业场地

选择干净、平整的作业场地。

2. 设备设施

模拟假人。

3. 工量辅具

纸巾、电线、绝缘棒、电源开关。

(二) 实施步骤

1. 脱离电源

(1) 切断电源开关。

(2) 用绝缘材料挑开假人身上的电线。

(3) 判断现场安全性。

(4) 判断触电者意识。

(5) 拨打"120"电话。

2. 安全急救

（1）将触电者脱离电源后应立即移到通风处，并将其仰卧。
（2）迅速鉴定触电者是否有心跳、呼吸等体征。
（3）实施心肺复苏。

任务 5　新能源汽车无法起动应急处理

任务描述

新能源汽车行驶在路上，难免会出现各种故障。假如你的新能源汽车行驶在路上，车辆无法起动，该怎么办呢？请对车辆进行应急处理，并填写相应的任务工单。

一、知识准备

（一）车辆无法起动原因

1. 智能钥匙故障

检查钥匙是否感应正常，假如车钥匙电量不足，或者有其他干扰源干扰到钥匙与车辆之间的感应，都会造成新能源汽车无法起动。

2. 制动踏板未踩下

新能源汽车起动前需要踩下制动踏板，按下点火开关。当检测不到制动踏板信号时将无法进行高压上电。

3. 驻车制动器操纵杆未放下

检查是否已经释放驻车制动器操纵杆，部分配备电子驻车制动器的车型即便已经挂了D挡，依然需要手动按下电子驻车制动器才可以让车辆起动。

4. 动力蓄电池或电机温度过高

检查动力蓄电池或电机温度是否过高，当仪表屏亮起动力蓄电池或驱动电机过热警告灯时，车辆可能会无法前进。建议立即在阴凉处停车，人也尽量不要靠近车辆，让车辆自然降温一段时间。

5. 低压蓄电池亏电

当车辆长期停放时，如果低压蓄电池没电，也会使系统低压控制单元电量低，无法正常工作，导致车辆无法正常行驶。可以通过给低压蓄电池并联外接电源的方式，俗称"对火"，为汽车提供低压供电电源。当车辆能正常高压上电后，由动力蓄电池为DC/DC变换器供电，就可以通过自身动力蓄电池为低压蓄电池充电了。

6. 动力蓄电池没电

车辆由于长时间停放，或使用到高压动力蓄电池电量不足，也会导致车辆无法行驶。如果车辆在路上抛锚,注意部分纯电动汽车是禁止以牵引方式或者托举方式进行运输,只能通过平板运输,具体请查询相应的车辆使用手册。

部分品牌的车辆、保险公司、充电服务站会为车辆提供"移动充电车"服务,具体请咨询当地的经销商。

7. 车辆故障

车辆在起动时,仪表板会亮起故障警告灯,可以咨询当地4S店维修解决。

(二)车辆无法起动应急处理

1. 安全停放车辆

当车辆行驶在路上时,发现车辆异常,尽量将车辆靠近路边行驶或停放。

2. 放置三角警示牌

根据《中华人民共和国道路交通安全法》,在常规道路上,发生故障或者发生交通事故时,应将三角警示牌设置在车后50~100m处;在高速公路上,要在车后150m外的地方设置警示标志;遇上雨雾天气,三角警示牌要求距离增大到200m。

3. 迅速离开车辆

为避免驾乘人员在因车辆违规停放而引起交通事故,驾乘人员应在车辆抛锚后,迅速离开车辆,在安全位置等候救援。

4. 拨打救援电话

当车辆发生故障时,迅速拨打4S店售后服务电话,等候救援。保险公司也应为车辆提供道路救援服务。

二、任务实施

(一)工作准备

1. 作业场地

选择带有消防设施的作业场地。

2. 设备设施

实训车辆。

(二)实施步骤

1. 检查车辆状态

(1)打开车门。

(2)踩下制动踏板。

(3)按下点火开关。

(4)检查仪表盘"READY"灯是否点亮。

(5)检查仪表板剩余电量及续驶里程。

（6）检查仪表板是否有故障指示灯。
（7）踩下制动踏板，挡位开关置于 D 挡，检查仪表板挡位显示。
2．等待道路救援
（1）将车停到合适位置。
（2）打开行李舱。
（3）找到三角警示牌。
（4）按照规定放到合适位置。
（5）驾乘人员离开车辆到安全位置。
（6）拨打道路救援电话，等待救援。

任务6　新能源汽车火灾事故应急处理

任务描述

新能源汽车在路上行驶，难免会出现各种故障。假如你的新能源汽车行驶在路上，车辆突发火灾事故，该怎么办呢？请对车辆进行应急处理，并填写相应的任务工单。

一、知识准备

（一）新能源汽车起火原因

1．充电时

充电时如果发生起火是蓄电池本身的问题，在蓄电池连续的充放电过程中，使得蓄电池中缓慢释放出氢气和氧气，由于氢气的爆炸极限比较低，如果在某个密闭空间内聚集，遇到火源便会产生燃烧爆炸的情况。另外，由于蓄电池在充放电时会持续地发热，如果处理不得当，随着温度的上升，可能会使蓄电池本身变形，造成电解液泄漏，之后可能会造成短路等故障，以至于发生燃烧爆炸。

2．正常行驶时

在正常行驶条件下，电动汽车发生火灾事故的可能性很小，但是相比传统汽车，增加的蓄电池也同样增大了电动汽车的危险系数。对于现在大部分采用锂离子蓄电池的电动汽车，大电流放电将导致电池排放大量可燃气体，而蓄电池的温度也随之升高，蓄电池燃烧的可能性很大。

3．发生碰撞时或者倾翻时

电动汽车在碰撞或者倾翻时，由于蓄电池受到很大的冲击力，可能受到挤压、穿刺等损坏，加之蓄电池内部压力过高，如果蓄电池本身有设计缺陷，在此极端的情况下，就会发生燃烧、爆炸、电击的情况是很大的。尤其是锂离子蓄电池的负极材料，一旦因为蓄电池外壳损毁与空气接触，便有极高的可能发生剧烈氧化甚至燃烧爆炸。因此，电动汽车，尤其是锂离子蓄电池汽车，其蓄电池组务必要设计在最不容易遭遇剧烈碰撞的地方，且必须尽可能采取各类保护措施，防止蓄电池组在事故中直接遭受剧烈的撞击和挤压。

汽车碰撞时会发生很多不可预测的情况，对于电动汽车也是如此。由于整个蓄电池包是由众多的零件和小蓄电池组成的，某个小零件在碰撞时发生位移或者破损都会导致严重的后果。

4. 涉水时

当汽车遇到暴雨或其他涉水情况时，蓄电池间的接线或者电机控制系统就可能会由于水或者水汽的侵蚀，造成短路，导致漏电。一旦短路，蓄电池温度迅速升高，引起爆炸或者燃烧的可能性就很大。

（二）新能源汽车高温警告灯

(1) 蓄电池高温故障灯（ ）。

现在大部分新能源汽车都搭载了温控系统，保证蓄电池能够在恒温状态下工作。不过由于环境、技术、配件因素等，即使是拥有温控系统的车型偶尔也会出现蓄电池过热的现象，如果故障灯频繁亮起，则说明问题较大，需要及时维修。

(2) 电机高温故障灯（）。

大部分电动汽车在电机高温故障灯亮起的情况下依然可以继续行驶，不过会限制加速。电机在运转过程中必然会产生大量热量，目前的解决方式是采用冷却液循环冷却的方式，如果冷却系统出现故障或者是电机温度传感器出现故障，电机高温故障灯都会亮起，建议大家可以将车辆停至安全地带，依靠自然风进行电机散热，如果故障灯能够熄灭，那么可继续行驶；如果故障灯频繁亮起则说明问题较大，需要及时维修。

（三）新能源汽车火灾事故特点

(1) 事故突发性强，火势蔓延迅速，持续时间长。
(2) 事故潜在危险性大，伴随有毒气体释放和爆炸危险。
(3) 火灾扑救技术要求高，存在复燃风险，易引发次生灾害。

二、任务实施

（一）工作准备

1. 作业场地

选择带有消防设施的作业场地。

2. 设备设施

实训车辆。

(二)实施步骤

1. 检查车辆状态

(1)打开车门。

(2)踩下制动踏板。

(3)按下点火开关。

(4)检查仪表盘"READY"灯是否点亮。

(5)检查仪表板剩余电量及续驶里程。

(6)检查仪表板是否有故障指示灯。

(7)在行驶过程中,如果闻到车内有异味(如塑料、橡胶等烧焦味)或者烟雾,就很有可能是电路或蓄电池起火导致的,要马上停车辆检查。

2. 等待救援

(1)将车停靠边到合适位置。

(2)断电,关闭车上所有用电设备,以防线路发生更严重的短路,导致火势迅速蔓延。

(3)若火苗不大、燃烧并不猛烈,说明蓄电池还没有起火,可以自行用水基灭火器尝试扑灭,及时控制火势防止蔓延到蓄电池上。

(4)驾乘人员离开车辆到安全位置。

(5)拨打119,等待救援。

任务7　新能源汽车水灾事故应急处理

任务描述

新能源汽车在路上行驶,难免会出现各种问题,尤其是雨季。假如你在驾驶新能源汽车的时候突降大雨,水位很高,该怎么办呢?请对车辆进行应急处理,并填写相应的任务工单。

一、知识准备

(一)新能源汽车防水标准

1. 动力蓄电池包防水要求

电动汽车的防水等级应当达到 IP67 级或更高。IP67 级防水是指车辆能够防止灰尘进入,并且在一定水深下长时间浸水后仍能正常运行。具体来说,IP67 级防水要求车辆在 1m 深的水中浸泡 30min,或在 2m 深的水中浸泡 15min,或在水深不小于 0.15m 且不超过 0.3m 的海水中浸泡 2h,车辆及蓄电池包的外壳不应出现进水的情况。

2. 模拟涉水

《纯电动汽车安全要求》(GB 18384—2020)规定,在模拟涉水时,车辆应在100mm深的水池中,以(20±2)km/h的速度行驶至少500m,时间大约为1.5min。如果水池距离小于500m,应重复试验使涉水距离累计不小于500m,包括车辆在水池外的总试验时间应少于10min。

(二)新能源汽车涉水驾驶风险

1. 蓄电池短路

当积水达到一定深度时,新能源汽车的蓄电池组很可能会进水导致短路。

2. 车内进水

车辆在涉水行驶时,水流极有可能沿着车身连接处渗入车内,虽然内饰在表面上看不出进水了,但其实脚垫下方可能已经潮湿了,如果车主没注意及时进行干燥处理,那么内饰部件将会受到不同程度的磨损,车内甚至可能因潮湿而产生异味。

3. 车身生锈

车辆内部渗入的积水很难挥发,时间一长车辆的金属部件就容易锈蚀,这将直接影响新能源汽车的正常使用寿命。

4. 零部件损坏

许多高端的新能源车车身布满各种雷达、摄像头、传感器,当涉水行驶时,这些高科技配件极有可能进水导致故障,或者受到水流冲击造成损坏。

二、任务实施

(一)工作准备

1. 作业场地
选择带有消防设施的作业场地。

2. 设备设施
实训车辆。

(二)实施步骤

1. 低速通过涉水路面
(1)车辆通过积水路面时尽量使车速保持在20km/h以下。
(2)检查仪表板报警灯及文字故障提示。

2. 高地势停车
(1)车辆尽量停靠在地势较高的位置。
(2)断电,关闭车上所有用电设备,断开蓄电池负极。

3. 专业部门检测
(1)车辆一旦泡水,切勿自行起动车辆。

(2)将车辆用平板拖车送至4S店进行检测。
(3)专业维修检测后方可以继续使用车辆。

拓展阅读

国产新能源汽车,值得"仰望"

中国新能源汽车行业在过去几年内经历了飞速的发展,正在从萌芽期向成长期迈进。中国汽车产业已经形成了较为完整的技术体系、产品体系、标准体系和知识产权体系。中国新能源汽车市场规模在不断扩大,预计到2025年,市场规模将达到1000万辆。此外,中国政府也出台了一系列政策措施,以促进新能源汽车行业的发展,例如购置补贴、免征购置税等。这些政策措施推动了新能源汽车行业的发展,并使得中国成为全球新能源汽车市场的重要参与者。

经过多年来的不懈努力,新能源汽车行业得到了蓬勃发展。

(1)市场规模。

2022年,我国新能源汽车产销分别完成705.8万辆和688.7万辆,同比分别增长96.9%和93.4%,连续8年保持全球第一。新能源汽车新车销量达到汽车新车总销量的25.6%,提前三年完成2025年规划目标。

(2)关键技术。

我国新能源汽车在关键技术方面取得了有效突破,例如量产动力蓄电池单体能量密度达到300W·h/kg,驱动电机的峰值功率密度超过4.8kW/kg,最高转速达到1.6万 r/min。此外,在激光雷达、人工智能芯片、智能座舱等方面也取得了较大突破。

(3)品牌竞争力。

2022年,我国自主品牌新能源乘用车国内市场销售占比达到79.9%,同比提升5.4个百分点。在全球新能源汽车销量排名前10的企业集团中,我国占了3席,动力蓄电池装机量前10的企业中我国占6席,竞争力和品牌效应逐步显现出来。

(4)配套设施环境。

截至2022年底,全国累计建成充电桩521万台、换电站1973座,充换电基础设施建设速度明显加快。同时,累计建立动力蓄电池回收服务网点超过1万个,基本实现就近回收。

新能源汽车的未来将是一个充满机遇和挑战的领域。新能源汽车领域的发展将着力体现在以下几方面:

(1)市场规模将继续扩大。

随着环保意识的提高和政策的支持,新能源汽车的市场规模将继续扩大。未来几年,新能源汽车的市场规模有望继续增长,各类新能源汽车产品将逐渐普及。

(2)技术创新将不断推进。

新能源汽车的技术创新将不断推进,包括蓄电池技术、电机技术、电子控制技术等。

这些技术的创新将提高新能源汽车的性能、续驶里程和安全性,并且将降低生产成本,促进新能源汽车的普及。

(3) 智能化和互联网化将更加重要。

未来新能源汽车的智能化和互联网化将更加重要。新能源汽车将配备更多的传感器和摄像头,能够更好地感知周围环境,提供更加智能化的驾驶体验。同时,新能源汽车也将更加互联网化,能够实现车联网,提供更加便捷的服务。

(4) 充电设施将更加完善。

未来新能源汽车的充电设施将更加完善,包括充电桩、换电站等。这些设施的建设将促进新能源汽车的普及,并且将提高充电的便利性。

(5) 政策支持将更加重要。

政策支持将是新能源汽车未来发展的重要因素。政府将继续出台一系列政策支持新能源汽车的发展,包括财政补贴、税收优惠等。这些政策的实施将促进新能源汽车的普及和发展。

总之,新能源汽车的未来将是一个充满机遇和挑战的领域。随着技术的创新和政策支持的加强,新能源汽车将逐渐普及,成为未来汽车市场的主流。

习题

一、填空题

1. 新能源汽车驱动电机控器中含有主动泄放时,可在5s内将高压回路直流母线电压泄放到_____V以下。

2. 当高压系统中某个接插件被带电断开时,动力蓄电池管理便会检测到_____回路存在断路,断开主高压回路电气连接,同时激活主动泄放。

3. 维修开关的颜色是_____。

4. 环境越潮湿,人体的电阻就会越_____。

5. 目前国际上对安全电压通行的认识是直流_____以下,交流_____以下。

二、判断题

1. 不踩制动踏板,无法进行起动车辆和换挡操作。　　　　　　　　　　　　(　　)
2. "READY(OK)"灯点亮,说明车辆已经低压上电完成。　　　　　　　　　(　　)
3. 所有新能源汽车都有维修开关。　　　　　　　　　　　　　　　　　　　(　　)
4. 特种作业操作证长期有效。　　　　　　　　　　　　　　　　　　　　　(　　)
5. 能够最终对人体产生伤害的是电流。　　　　　　　　　　　　　　　　　(　　)
6. 新能源汽车的高电压系统是与车身之间隔离的。　　　　　　　　　　　　(　　)
7. 车辆起火时,应该尽量找灭火器扑救。　　　　　　　　　　　　　　　　(　　)
8. 新能源汽车一旦泡水,动力蓄电池就会短路。　　　　　　　　　　　　　(　　)

三、选择题

1. 当仪表出现 ▭ 符号时,表示(　　)。
   A. 蓄电池故障　　　　　　　　B. 动力蓄电池故障
   C. 蓄电池温度高　　　　　　　D. 动力蓄电池温度高

2. 当仪表出现 ▭ 符号时,表示(　　)。
   A. 蓄电池故障　　　　　　　　B. 动力蓄电池故障
   C. 蓄电池温度高　　　　　　　D. 动力蓄电池温度高

3. 绝缘手套的使用年限是(　　)。
   A. 12 个月　　　B. 18 个月　　　C. 24 个月　　　D. 无期限

4. 在新能源汽车中,人体的最安全电压通常是(　　)。
   A. 交流 25V 以下　　　　　　　B. 直流 60V 以下
   C. 交流与直流均 36V 以下　　　D. 12V 以下直流

5. 针对高压触电的人员,首先应该执行的操作是(　　)。
   A. 切断高压电源　　B. 心肺复苏　　C. 拨打"120"电话　　D. 判断触电程度

任 务 工 单

项目一　纯电动汽车认知

任务1　车辆基本信息查询

学生姓名		班级		学号	
实训场地		学时		日期	
任务描述	王强的新能源汽车要进行车辆检验,汽车检测线需要查验车辆基本信息。请根据所学知识,对王强的车辆基本信息进行登记					
工作准备	(1)作业场地:带有消防设施的作业场地; (2)设施设备准备:纯电动汽车; (3)专用工具、设备:车轮挡块; (4)安全防护用品:劳保手套; (5)耗材:抹布					
任务要求	(1)增强规范、标准、质量、安全、环保、环境5S意识; (2)养成谦虚谨慎、团结协作的习惯					

资讯

请阅读教材中的"知识准备",完成以下内容。

1.新能源汽车专用号牌有什么特征?

_____

_____

2.新能源汽车的铭牌一般安装在哪里?

_____

_____

3. VIN 的位置一般在哪里？第几位表示生产年份？

_____
_____
_____
_____
_____

计划和决策

请根据任务要求,确定所需要的场地和物品,并对小组成员进行合理分工,制订详细的工作计划。

一、制订人员分工方案

小组编号：_____ 组长：_____
小组成员：_____
你的任务：_____

二、检查场地及物品

检查并记录完成任务需要的场地、设备、工具及材料。

1. 场地
检查工作场地是否清洁及存在安全隐患,如不正常,请向教师汇报并及时处理。
记录：_____
2. 车辆、充电桩及其他
（1）车辆：_____
（2）充电桩：_____
（3）其他：_____
3. 防护装备、设备及工具
（1）防护装备：_____
（2）设备及工具：_____
4. 安全要求及注意事项
（1）实训汽车停在实训工位上,没有经过教师批准不可起动。经教师批准起动前,首先应先检查车轮的安全挡块是否放好、驻车制动器操纵杆是否拉好、变速器操纵杆是否放在 P 挡位置上,确认车前是否有人。
（2）禁止触碰任何带安全警示标识的部件。
（3）实训期间禁止嬉戏打闹。

三、制订工作方案

根据任务小组进行讨论,确定工作方案(流程/工序)并记录。

_____

_____

_____

实施和检查

根据制订的计划实施完成以下任务并记录。

1. 查询车牌信息并记录并分析车辆信息

车牌号码		车辆属地	
前部车牌	□污损 □变形	后部车牌	□污损 □变形
车辆类型	□纯电动汽车	□混合动力电动汽车	

2. 查询车辆铭牌信息

铭牌位置			
制造商名称		驱动电机型号	
品牌		驱动电机峰值功率	
制造国		动力蓄电池系统额定电压	
整车型号		动力蓄电池系统额定容量	
乘坐人数		车辆识别代号	
制造年月		最大允许总质量	

3. 查询汽车 VIN

VIN 位置	□仪表盘左侧 □风窗玻璃左下侧 □车辆铭牌上 □右前减振器上部的车身上 □行李舱处 □车门铰链柱、门锁柱或与门锁柱接合的门边之一的柱子上		
车辆生产年份代号		车辆生产年份	

评估

根据任务完成情况,学生自我评分。教师或指定组长过程巡视;验收、检查时,若发现问题,直接扣分。

评估项目(分值)	自我评估	小组评估	教师评估
资讯(5)			
计划和决策(5)			
实施和检查(10)			
合计(20)			
总评			

教师签名:_____

任务2 驱动系统认知

学生姓名		班级		学号	
实训场地		学时		日期	
任务描述	驱动系统是电动汽车行驶的主要动力装置,请观察身边的纯电动汽车,并通过对车辆驱动系统的观察,记录其基本信息,并填写相应的任务工单					
工作准备	(1)作业场地:带有消防设施的作业场地; (2)设施设备准备:纯电动汽车; (3)专用工具、设备:车轮挡块、举升机; (4)安全防护用品:劳保手套; (5)耗材:抹布					
任务要求	(1)增强规范、标准、质量、安全、环保、环境5S意识; (2)养成谦虚谨慎、团结协作的习惯					

 资讯

请阅读教材中的"知识准备",完成以下内容。

1.驱动系统有哪些作用?

_____

_____

_____

2.驱动系统由哪几部分组成?

_____

_____

_____

3.电机控制器的作用是什么?

_____

_____

_____

 计划和决策

请根据任务要求,确定所需要的场地和物品,并对小组成员进行合理分工,制订详细的

工作计划。

一、制订人员分工方案

小组编号：_____ 组长：_____
小组成员：_____
你的任务：_____

二、检查场地及物品

检查并记录完成任务需要的场地、设备、工具及材料。

1. 场地

检查工作场地是否清洁及存在安全隐患，如不正常，请向教师汇报并及时处理。
记录：_____

2. 车辆、充电桩及其他

(1) 车辆：_____
(2) 充电桩：_____
(3) 其他：_____

3. 防护装备、设备及工具

(1) 防护装备：_____
(2) 设备及工具：_____

4. 安全要求及注意事项

(1) 实训汽车停在实训工位上，没有经过教师批准不可起动。经教师批准起动前，首先应先检查车轮的安全挡块是否放好、驻车制动器操纵杆是否拉好、变速器操纵杆是否放在 P 挡位置上，确认车前是否有人。
(2) 禁止触碰任何带安全警示标识的部件。
(3) 实训期间禁止嬉戏打闹。

三、制订工作方案

根据任务小组进行讨论，确定工作方案(流程/工序)并记录。

_____
_____
_____

实施和检查

根据制订的计划实施完成以下任务并记录。

新能源汽车构造

1. 查看电机控制器

序号	内容	完成情况		记录
1	放置车轮挡块	□已完成	□未完成	
2	打开前机舱盖	□已完成	□未完成	
3	铺设翼子板三件套	□已完成	□未完成	
4	关闭点火开关	□已完成	□未完成	
5	断开蓄电池负极	□已完成	□未完成	
6	在实训车辆上找到电机控制器	□已完成	□未完成	
7	查看电机控制器低压控制插头	□已完成	□未完成	
8	查看电机控制器高压直流输入线束	□已完成	□未完成	
9	查看电机控制器三相高压线束	□已完成	□未完成	
10	查看电机控制器冷却管路	□已完成	□未完成	

2. 查看驱动电机

序号	内容	完成情况		记录
1	查看驱动电机低压控制插头	□已完成	□未完成	
2	查看驱动电机高压直流输入线束	□已完成	□未完成	
3	查看驱动电机三相高压线束	□已完成	□未完成	
4	查看驱动电机冷却管路	□已完成	□未完成	
5	举升车辆	□已完成	□未完成	
6	从车辆底部查看驱动电机	□已完成	□未完成	

3. 查看减速器总成冷却系统各部分位置

序号	内容	完成情况		记录
1	查看减速器总成外观	□已完成	□未完成	
2	沿着冷却管路,查看冷却水泵	□已完成	□未完成	
3	查看冷却液补偿水桶	□已完成	□未完成	
4	查看散热器风扇	□已完成	□未完成	

评估

根据任务完成情况,学生自我评分。教师或指定组长过程巡视;验收、检查时,若发现问题,直接扣分。

评估项目(分值)	自我评估	小组评估	教师评估
资讯(5)			
计划和决策(5)			
实施和检查(10)			
合计(20)			
总评			

教师签名:＿＿＿＿＿＿

任务3 储能系统认知

学生姓名		班级		学号	
实训场地		学时		日期	
任务描述	在电动汽车中,储能系统主要负责储存电能。请观察身边的纯电动汽车,并通过对车辆储能系统的观察,记录其基本信息,并填写相应的任务工单				
工作准备	(1)作业场地:带有消防设施的作业场地; (2)设施设备准备:纯电动汽车、举升机; (3)专用工具、设备:车轮挡块; (4)安全防护用品:劳保手套; (5)耗材:抹布				
任务要求	(1)增强规范、标准、质量、安全、环保、环境5S意识; (2)养成谦虚谨慎、团结协作的习惯				

资讯

请阅读教材中的"知识准备",完成以下内容。

1. 动力蓄电池的作用是什么?

2. 动力蓄电池由哪些部分组成?

3. BMS有哪些功能?

计划和决策

请根据任务要求,确定所需要的场地和物品,并对小组成员进行合理分工,制订详细的

工作计划。

一、制订人员分工方案

小组编号：_____ 组长：_____
小组成员：_____
你的任务：_____

二、检查场地及物品

检查并记录完成任务需要的场地、设备、工具及材料。

1. 场地

检查工作场地是否清洁及存在安全隐患，如不正常，请向教师汇报并及时处理。

记录：_____

2. 车辆、充电桩及其他

（1）车辆：_____

（2）充电桩：_____

（3）其他：_____

3. 防护装备、设备及工具

（1）防护装备：_____

（2）设备及工具：_____

4. 安全要求及注意事项

（1）实训汽车停在实训工位上，没有经过教师批准不可起动。经教师批准起动前，首先应先检查车轮的安全挡块是否放好、驻车制动器操纵杆是否拉好、变速器操纵杆是否放在 P 挡位置上（A/T），确认车前是否有人。

（2）禁止触碰任何带安全警示标识的部件。

（3）实训期间禁止嬉戏打闹。

三、制订工作方案

根据任务小组进行讨论，确定工作方案（流程/工序）并记录。

_____
_____

实施和检查

根据制订的计划，实施完成以下任务并记录。

1. 查看 BSM 外观及线束

序号	内容	完成情况		记录
1	放置车轮挡块	□已完成	□未完成	
2	打开前机舱盖	□已完成	□未完成	
3	铺设翼子板三件套	□已完成	□未完成	
4	关闭点火开关	□已完成	□未完成	
5	断开蓄电池负极	□已完成	□未完成	
6	在实训车辆上找到 BMS	□已完成	□未完成	
7	检查 BMS 外观	□已完成	□未完成	
8	检查 BMS 低压控制插头	□已完成	□未完成	

2. 查看动力蓄电池外观及线束

序号	内容	完成情况		记录
1	将车辆开至举升机工位	□已完成	□未完成	
2	升起车辆	□已完成	□未完成	
3	查看动力蓄电池包表面是否有划伤、碰撞凹陷	□已完成	□未完成	
4	查看动力蓄电池包高低压线束是否损伤	□已完成	□未完成	
5	查看动力蓄电池包低压插件是否松动	□已完成	□未完成	
6	查看动力蓄电池包高压插件是否松动	□已完成	□未完成	
7	查看动力蓄电池冷却管路是否有损伤、泄漏	□已完成	□未完成	

评估

根据任务完成情况,学生自我评分。教师或指定组长过程巡视;验收、检查时,若发现问题,直接扣分。

评估项目(分值)	自我评估	小组评估	教师评估
资讯(5)			
计划和决策(5)			
实施和检查(10)			
合计(20)			
总评			

教师签名:＿＿＿＿＿＿

任务4　充电系统认知

学生姓名		班级		学号	
实训场地		学时		日期	
任务描述	我们平时使用电动汽车时,除了驾驶之外,还需要对汽车进行充电。请利用根据身边的实训条件,给电动汽车充电,并通过对车辆充电系统的观察,记录其基本信息,并填写相应的任务工单				
工作准备	(1)作业场地:带有消防设施的作业场地; (2)设施设备准备:纯电动汽车、举升机; (3)专用工具、设备:车轮挡块; (4)安全防护用品:劳保手套; (5)耗材:抹布				
任务要求	(1)增强规范、标准、质量、安全、环保、环境5S意识; (2)养成谦虚谨慎、团结协作的习惯				

请阅读教材中的"知识准备",完成以下内容。

1. 充电系统有哪些功能?

_____

_____

_____

2. 电动汽车充电装置有哪些类型?

_____

_____

_____

3. 电动汽车有哪些充电方式?

_____

_____

_____

请根据任务要求,确定所需要的场地和物品,并对小组成员进行合理分工,制订详细的

工作计划。

一、制订人员分工方案

小组编号：_____　　组长：_____
小组成员：_____
你的任务：_____

二、检查场地及物品

检查并记录完成任务需要的场地、设备、工具及材料。

1. 场地

检查工作场地是否清洁及存在安全隐患，如不正常，请向教师汇报并及时处理。

记录：_____

2. 车辆、充电桩及其他

(1) 车辆：_____
(2) 充电桩：_____
(3) 其他：_____

3. 防护装备、设备及工具

(1) 防护装备：_____
(2) 设备及工具：_____

4. 安全要求及注意事项

(1) 实训汽车停在实训工位上，没有经过教师批准不可起动。经教师批准起动前，首先应先检查车轮的安全挡块是否放好、驻车制动器操纵杆是否拉好、变速器操纵杆是否放在P挡位置上，确认车前是否有人。

(2) 禁止触碰任何带安全警示标识的部件。

(3) 实训期间禁止嬉戏打闹。

三、制订工作方案

根据任务小组进行讨论，确定工作方案（流程/工序）并记录。

_____
_____
_____

实施和检查

根据制订的计划实施完成以下任务并记录。

1. 检查交流充电接口

序号	内容	完成情况		记录
1	关闭车辆起动按钮	□已完成	□未完成	
2	确认挡位置于P挡	□已完成	□未完成	
3	拉起驻车制动器操纵杆	□已完成	□未完成	
4	按下车辆交流充电接口盖板	□已完成	□未完成	
5	打开交流充电口密封盖	□已完成	□未完成	
6	检查交流充电口外观是否无脏污、破损	□已完成	□未完成	

2. 检查充电枪外观及线束

序号	内容	完成情况		记录
1	检查充电枪外观是否破损、脏污、干燥	□已完成	□未完成	
2	检查充电枪线束是否完好,无破损	□已完成	□未完成	
3	检查充电枪锁止开关是否完好	□已完成	□未完成	
4	按压充电枪锁止开关,并松开,检查锁止开关是否能弹起	□已完成	□未完成	

3. 检查充电电源线

序号	内容	完成情况		记录
1	检查充电电源线是否完好,无破损	□已完成	□未完成	
2	将充电电源线插入交流220V插座	□已完成	□未完成	
3	检查充电电源红色指示灯是否亮起	□已完成	□未完成	
4	查看动力蓄电池包表面是否有划伤、碰撞凹陷	□已完成	□未完成	

4. 为电动汽车进行充电

序号	内容	完成情况		记录
1	按下充电枪锁止开关	□已完成	□未完成	
2	将充电枪插入交流充电接口,直至听到"咔嗒"声,充电枪连接完毕	□已完成	□未完成	
3	观察仪表板,亮起充电连接指示灯	□已完成	□未完成	
4	观察仪表板显示充电功率	□已完成	□未完成	
5	记录荷电状态(SOC)	□已完成	□未完成	
6	记录充电剩余时间	□已完成	□未完成	
7	记录锁止车辆	□已完成	□未完成	
8	停止充电	□已完成	□未完成	

5. 车辆解锁

序号	内容	完成情况		记录
1	记录并比较 SOC	□已完成	□未完成	
2	记录并比较充电剩余时间	□已完成	□未完成	
3	记录并比较锁止车辆	□已完成	□未完成	
4	按下充电枪锁止开关的同时拔下充电枪	□已完成	□未完成	
5	关闭交流充电口密封盖	□已完成	□未完成	
6	关闭交流充电口盖板	□已完成	□未完成	
7	断开交流 220V 电源	□已完成	□未完成	

 评估

根据任务完成情况,学生自我评分。教师或指定组长过程巡视;验收、检查时,若发现问题,直接扣分。

评估项目(分值)	自我评估	小组评估	教师评估
资讯(5)			
计划和决策(5)			
实施和检查(10)			
合计(20)			
总评			

教师签名:_____

任务5　热管理系统认知

学生姓名		班级		学号	
实训场地		学时		日期	
任务描述	车辆在行驶时,不仅需要驾驶舱内保持合适的温度,更需要对动力蓄电池及驱动电机等关键的高压部件进行降温。请通过调节空调系统的温度,并观察热管理系统,记录其基本信息,并填写相应的任务工单				
工作准备	(1)作业场地:带有消防设施的作业场地; (2)设施设备准备:纯电动汽车; (3)专用工具、设备:车轮挡块; (4)安全防护用品:劳保手套; (5)耗材:抹布				
任务要求	(1)增强规范、标准、质量、安全、环保、环境5S意识; (2)养成谦虚谨慎、团结协作的习惯				

资讯

请阅读教材中的"知识准备",完成以下内容。

1. 热管理系统由哪些部分组成?

_____
_____
_____

2. 空调的加热装置有哪些?

_____
_____
_____

3. 空调的冷却装置有哪些?

_____
_____
_____

请根据任务要求,确定所需要的场地和物品,并对小组成员进行合理分工,制订详细的

工作计划。

一、制订人员分工方案

小组编号：＿＿＿＿＿＿＿＿＿＿＿＿＿＿＿　组长：＿＿＿＿＿＿＿＿＿＿＿＿＿＿＿
小组成员：＿＿＿＿＿＿＿＿＿＿＿＿＿＿＿＿＿＿＿＿＿＿＿＿＿＿＿＿＿＿＿＿＿
你的任务：＿＿＿＿＿＿＿＿＿＿＿＿＿＿＿＿＿＿＿＿＿＿＿＿＿＿＿＿＿＿＿＿＿

二、检查场地及物品

检查并记录完成任务需要的场地、设备、工具及材料。
1. 场地
检查工作场地是否清洁及存在安全隐患，如不正常，请向教师汇报并及时处理。
记录：＿＿＿＿＿＿＿＿＿＿＿＿＿＿＿＿＿＿＿＿＿＿＿＿＿＿＿＿＿＿＿＿＿
2. 车辆、充电桩及其他
(1)车辆：＿＿＿＿＿＿＿＿＿＿＿＿＿＿＿＿＿＿＿＿＿＿＿＿＿＿＿＿＿＿＿
(2)充电桩：＿＿＿＿＿＿＿＿＿＿＿＿＿＿＿＿＿＿＿＿＿＿＿＿＿＿＿＿＿＿
(3)其他：＿＿＿＿＿＿＿＿＿＿＿＿＿＿＿＿＿＿＿＿＿＿＿＿＿＿＿＿＿＿＿
3. 防护装备、设备及工具
(1)防护装备：＿＿＿＿＿＿＿＿＿＿＿＿＿＿＿＿＿＿＿＿＿＿＿＿＿＿＿＿＿
(2)设备及工具：＿＿＿＿＿＿＿＿＿＿＿＿＿＿＿＿＿＿＿＿＿＿＿＿＿＿＿＿
4. 安全要求及注意事项
(1)实训汽车停在实训工位上，没有经过教师批准不可起动。经教师批准起动前，首先应先检查车轮的安全挡块是否放好、驻车制动器操纵杆是否拉好、变速器操纵杆是否放在P挡位置上，确认车前是否有人。
(2)禁止触碰任何带安全警示标识的部件。
(3)实训期间禁止嬉戏打闹。

三、制订工作方案

根据任务小组进行讨论，确定工作方案(流程/工序)并记录。
＿＿＿＿＿＿＿＿＿＿＿＿＿＿＿＿＿＿＿＿＿＿＿＿＿＿＿＿＿＿＿＿＿＿＿＿＿＿
＿＿＿＿＿＿＿＿＿＿＿＿＿＿＿＿＿＿＿＿＿＿＿＿＿＿＿＿＿＿＿＿＿＿＿＿＿＿
＿＿＿＿＿＿＿＿＿＿＿＿＿＿＿＿＿＿＿＿＿＿＿＿＿＿＿＿＿＿＿＿＿＿＿＿＿＿

实施和检查

根据制订的计划实施完成以下任务并记录。

1. 检查空调控制器

序号	内容	完成情况		记录
1	放置车轮挡块,打开前机舱盖,铺设翼子板三件套	□已完成	□未完成	
2	确认挡位置于P挡,拉起驻车制动器操纵杆	□已完成	□未完成	
3	关闭点火开关,断开蓄电池负极	□已完成	□未完成	
4	在实训车辆上找到空调控制器	□已完成	□未完成	
5	检查空调控制器外观是否正常	□已完成	□未完成	
6	检查空调控制器低压控制插头是否松动,线束有无破损	□已完成	□未完成	

2. 检查空调制冷系统

序号	内容	完成情况		记录
1	检查空调压缩机外观是否正常	□已完成	□未完成	
2	检查空调压缩机低压控制插头是否松动,线束有无破损	□已完成	□未完成	
3	检查空调压缩机高压插头是否松动,线束有无破损	□已完成	□未完成	
4	检查空调制冷系统管路是否完好、无破损	□已完成	□未完成	
5	检查空调冷凝器电子扇是否完好	□已完成	□未完成	
6	检查空调冷凝器电子扇低压插头是否松动,线束有无破损	□已完成	□未完成	
7	检查空调冷凝器是否完好	□已完成	□未完成	

3. 检查空调制热系统

序号	内容	完成情况		记录
1	检查PTC加热器外观是否正常	□已完成	□未完成	
2	检查PTC加热器低压控制插头是否松动,线束有无破损	□已完成	□未完成	
3	检查PTC加热器高压插头是否松动,线束有无破损	□已完成	□未完成	
4	检查PTC加热系统管路是否完好、无破损	□已完成	□未完成	
5	检查暖风水泵插头是否松动,线束有无破损	□已完成	□未完成	
6	检查散热器是否完好	□已完成	□未完成	

4. 调节空调系统温度

序号	内容	完成情况		记录
1	接通蓄电池负极	□已完成	□未完成	
2	按下启动按钮	□已完成	□未完成	
3	设定空调控制面板出风口温度至最低	□已完成	□未完成	
4	用温度计测量出风口温度	□已完成	□未完成	
5	观察前机舱压缩机工作状态	□已完成	□未完成	
6	设定空调控制面板出风口温度至最高	□已完成	□未完成	
7	用温度计测量出风口温度	□已完成	□未完成	
8	观察前机舱暖风水泵工作状态	□已完成	□未完成	
9	设置不同出风口模式、风量，感受风量	□已完成	□未完成	

评估

根据任务完成情况，学生自我评分。教师或指定组长过程巡视；验收、检查时，若发现问题，直接扣分。

评估项目(分值)	自我评估	小组评估	教师评估
资讯(5)			
计划和决策(5)			
实施和检查(10)			
合计(20)			
总评			

教师签名：_____

任务6　整车管理系统认知

学生姓名		班级		学号	
实训场地		学时		日期	
任务描述	整车控制器是电动汽车正常行驶的核心部件,是纯电动汽车的正常行驶、再生制动能量回收、故障诊断处理和车辆状态监视等功能的主要控制部件。请通过调节空调系统的温度,并观察热管理系统,记录其基本信息,并填写相应的任务工单				
工作准备	(1)作业场地:带有消防设施的作业场地; (2)设施设备准备:纯电动汽车; (3)专用工具、设备:车轮挡块、故障诊断仪; (4)安全防护用品:劳保手套; (5)耗材:抹布				
任务要求	(1)增强规范、标准、质量、安全、环保、环境5S意识; (2)养成谦虚谨慎、团结协作的习惯				

资讯

请阅读教材中的"知识准备",完成以下内容。

1. 整车管理系统由哪些部分组成?

2. 整车控制单元的作用是什么?

3. VCU都有哪些功能?

请根据任务要求,确定所需要的场地和物品,并对小组成员进行合理分工,制订详细的

工作计划。

一、制订人员分工方案

小组编号：_____ 组长：_____
小组成员：_____
你的任务：_____

二、检查场地及物品

检查并记录完成任务需要的场地、设备、工具及材料。

1. 场地

检查工作场地是否清洁及存在安全隐患，如不正常，请向教师汇报并及时处理。
记录：_____

2. 车辆、充电桩及其他

(1) 车辆：_____
(2) 充电桩：_____
(3) 其他：_____

3. 防护装备、设备及工具

(1) 防护装备：_____
(2) 设备及工具：_____

4. 安全要求及注意事项

(1) 实训汽车停在实训工位上，没有经过教师批准不可起动。经教师批准起动前，首先应先检查车轮的安全挡块是否放好、驻车制动器操纵杆是否拉好、变速器操纵杆是否放在 P 挡位置上，确认车前是否有人。
(2) 禁止触碰任何带安全警示标识的部件。
(3) 实训期间禁止嬉戏打闹。

三、制订工作方案

根据任务小组进行讨论，确定工作方案(流程/工序)并记录。

_____
_____
_____

实施和检查

根据制订的计划实施完成以下任务并记录。

1. 检查整车控制器线束

序号	内容	完成情况	记录
1	放置车轮挡块	□已完成　□未完成	
2	打开前机舱盖	□已完成　□未完成	
3	铺设翼子板三件套	□已完成　□未完成	
4	确认挡位于P挡,拉起驻车制动器操纵杆	□已完成　□未完成	
5	打开前机舱盖	□已完成　□未完成	
6	拆卸整车控制器饰板	□已完成　□未完成	
7	检查整车控制器低压控制插头是否松动	□已完成　□未完成	
8	检查整车控制器低压控制线束是否破损	□已完成　□未完成	
9	确认挡位于P挡,拉起驻车制动器操纵杆	□已完成　□未完成	

2. 检查仪表板信息

序号	内容	完成情况	记录
1	踩下制动踏板	□已完成　□未完成	
2	按下起动开关	□已完成　□未完成	
3	听真空制动泵工作声音	□已完成　□未完成	
4	观察仪表板显示车辆状态信息	□已完成　□未完成	

3. 查看故障信息

序号	内容	完成情况	记录
1	连接故障诊断仪蓝牙接口	□已完成　□未完成	
2	启动故障诊断仪电源开关	□已完成　□未完成	
3	在控制面板中选择实训车型	□已完成　□未完成	
4	进入整车控制单元	□已完成　□未完成	
5	读取故障信息	□已完成　□未完成	
6	清除故障信息	□已完成　□未完成	
7	读取故障信息	□已完成　□未完成	
8	进入整车控制单元数据流,观察车辆参数	□已完成　□未完成	

根据任务完成情况,学生自我评分。教师或指定组长过程巡视;验收、检查时,若发现问题,直接扣分。

评估项目(分值)	自我评估	小组评估	教师评估
资讯(5)			
计划和决策(5)			
实施和检查(10)			
合计(20)			
总评			

教师签名：_____

任务7　底盘电控系统认知

学生姓名		班级		学号	
实训场地		学时		日期	
任务描述	底盘作用是支承、安装汽车发动机及其各部件、总成,成形汽车的整体造型,并接受电动机的动力,使汽车产生运动,保证正常行驶。请检查底盘电控系统,记录其基本信息,并填写相应的任务工单				
工作准备	(1)作业场地:带有消防设施的作业场地; (2)设施设备准备:纯电动汽车; (3)专用工具、设备:车轮挡块; (4)安全防护用品:劳保手套; (5)耗材:抹布				
任务要求	(1)增强规范、标准、质量、安全、环保、环境5S意识; (2)养成谦虚谨慎、团结协作的习惯				

资讯

请阅读教材中的"知识准备",完成以下内容。

1. 底盘电控系统由哪些部分组成?

_____

_____

_____

2. ABS的作用是什么?

_____

_____

_____

3. 车身稳定系统有什么作用?

_____

_____

_____

计划和决策

请根据任务要求,确定所需要的场地和物品,并对小组成员进行合理分工,制订详细的

工作计划。

一、制订人员分工方案

小组编号：_____ 组长：_____
小组成员：_____
你的任务：_____

二、检查场地及物品

检查并记录完成任务需要的场地、设备、工具及材料。

1. 场地

检查工作场地是否清洁及存在安全隐患，如不正常，请向教师汇报并及时处理。
记录：_____

2. 车辆、充电桩及其他

(1) 车辆：_____
(2) 充电桩：_____
(3) 其他：_____

3. 防护装备、设备及工具

(1) 防护装备：_____
(2) 设备及工具：_____

4. 安全要求及注意事项

(1) 实训汽车停在实训工位上，没有经过教师批准不可起动。经教师批准起动前，首先应先检查车轮的安全挡块是否放好、驻车制动器操纵杆是否拉好、变速器操纵杆是否放在 P 挡位置上，确认车前是否有人。
(2) 禁止触碰任何带安全警示标识的部件。
(3) 实训期间禁止嬉戏打闹。

三、制订工作方案

根据任务小组进行讨论，确定工作方案(流程/工序)并记录。

_____
_____
_____

实施和检查

根据制订的计划实施完成以下任务并记录。

新能源汽车构造

1. 检查真空助力泵

序号	内容	完成情况		记录
1	确认挡位置于 P 挡	□已完成	□未完成	
2	拉起驻车制动器操纵杆	□已完成	□未完成	
3	放置车轮挡块	□已完成	□未完成	
4	打开前机舱盖	□已完成	□未完成	
5	铺设翼子板三件套	□已完成	□未完成	
6	踩下制动踏板	□已完成	□未完成	
7	按下点火开关	□已完成	□未完成	
8	多次踩下制动踏板,听真空助力泵是否正常工作	□已完成	□未完成	
9	关闭点火开关	□已完成	□未完成	
10	检查真空助力泵外观是否完好	□已完成	□未完成	
11	检查真空助力泵低压控制插头是否松动,线束是否破损	□已完成	□未完成	

2. 检查前机舱底盘电控系统部件

序号	内容	完成情况		记录
1	检查 ABS 泵外观是否完好	□已完成	□未完成	
2	检查 ABS 电控单元外观是否完好	□已完成	□未完成	
3	检查 ABS 电控单元低压控制插头是否松动,线束是否破损	□已完成	□未完成	

3. 检查底盘电控系统部件

序号	内容	完成情况		记录
1	将车辆停放至举升工位	□已完成	□未完成	
2	调整举升臂位置,将车辆举升至合适高度	□已完成	□未完成	
3	检查轮速传感器外观是否完好	□已完成	□未完成	
4	检查轮速传感器低压控制插头是否松动,线束是否破损	□已完成	□未完成	
5	检查电子驻车制动器电机外观是否完好	□已完成	□未完成	
6	检查电子驻车制动器电机低压控制插头是否松动,线束是否破损	□已完成	□未完成	

根据任务完成情况,学生自我评分。教师或指定组长过程巡视;验收、检查时,若发现问题,直接扣分。

评估项目(分值)	自我评估	小组评估	教师评估
资讯(5)			
计划和决策(5)			
实施和检查(10)			
合计(20)			
总评			

教师签名:＿＿＿＿＿＿

项目二 其他新能源汽车认知

任务1 插电式混合动力电动汽车认知

学生姓名		班级		学号	
实训场地		学时		日期	
任务描述	由于插电式混合动力电动汽车有效解决了纯电动汽车的续驶里程问题,近年来市场占有率越来越高。请通过查询插电式混合动力电动汽车的基本信息及结构,找到关键零部件位置,并记录其基本信息,并填写相应的任务工单					
工作准备	(1)作业场地:带有消防设施的作业场地; (2)设施设备准备:纯电动汽车; (3)专用工具、设备:车轮挡块; (4)安全防护用品:劳保手套; (5)耗材:抹布					
任务要求	(1)增强规范、标准、质量、安全、环保、环境5S意识; (2)养成谦虚谨慎、团结协作的习惯					

资讯

请阅读教材中的"知识准备",完成以下内容。

1. 什么是插电式混合动力电动汽车?

_____

_____

2. 插电式混合动力电动汽车有哪些特点?

_____

_____

3. 插电式混合动力电动汽车有哪些工作模式?

_____

_____

> 计划和决策

请根据任务要求,确定所需要的场地和物品,并对小组成员进行合理分工,制订详细的工作计划。

一、制订人员分工方案

小组编号：_____ 组长：_____
小组成员：_____
你的任务：_____

二、检查场地及物品

检查并记录完成任务需要的场地、设备、工具及材料。

1. 场地

检查工作场地是否清洁及存在安全隐患,如不正常,请向教师汇报并及时处理。

记录：_____

2. 车辆、充电桩及其他

(1) 车辆：_____
(2) 充电桩：_____
(3) 其他：_____

3. 防护装备、设备及工具

(1) 防护装备：_____
(2) 设备及工具：_____

4. 安全要求及注意事项

(1) 实训汽车停在实训工位上没有经过教师批准不可起动。经教师批准起动前,首先应先检查车轮的安全挡块是否放好、驻车制动器操纵杆是否拉好、变速器操纵杆是否放在 P 挡位置上,确认车前是否有人。
(2) 禁止触碰任何带安全警示标识的部件。
(3) 实训期间禁止嬉戏打闹。

三、制订工作方案

根据任务小组进行讨论,确定工作方案(流程/工序)并记录。

_____
_____
_____

新能源汽车构造

实施和检查

根据制订的计划实施完成以下任务并记录。

1. 查询车辆基本信息

序号	内容	完成情况		记录
1	踩下制动踏板	□已完成	□未完成	
2	打开点火开关	□已完成	□未完成	
3	确认挡位置于 P 挡	□已完成	□未完成	
4	拉起驻车制动器操纵杆	□已完成	□未完成	
5	关闭点火开关	□已完成	□未完成	
6	放置车轮挡块	□已完成	□未完成	
7	查找车辆 VIN	□已完成	□未完成	
8	查询车辆出厂时间及其他关键信息	□已完成	□未完成	
9	找到车辆铭牌,查询并记录车辆主要参数	□已完成	□未完成	

2. 检查前机舱

序号	内容	完成情况		记录
1	打开前机舱盖	□已完成	□未完成	
2	铺设翼子板三件套	□已完成	□未完成	
3	检查燃油动力系统各部件是否完好	□已完成	□未完成	
4	检查燃油动力系统插头是否牢固,线束有无破损	□已完成	□未完成	
5	检查低压控制系统各部件是否完好	□已完成	□未完成	
6	检查低压控制系统插头是否牢固,线束有无破损	□已完成	□未完成	
7	检查高压动力系统各部件是否完好	□已完成	□未完成	
8	检查高压动力系统插头是否牢固,线束有无破损	□已完成	□未完成	

3. 检查动力蓄电池

序号	内容	完成情况		记录
1	将车辆停放置举升工位	□已完成	□未完成	
2	调整举升臂位置	□已完成	□未完成	
3	将车辆举升至合适高度	□已完成	□未完成	
4	检查车辆传动系统是否完好	□已完成	□未完成	
5	检查动力蓄电池低压控制系统插头是否牢固,线束有无破损	□已完成	□未完成	
6	检查动力蓄电池高压动力系统插头是否牢固,线束有无破损	□已完成	□未完成	

根据任务完成情况,学生自我评分。教师或指定组长过程巡视;验收、检查时,若发现问题,直接扣分。

评估项目(分值)	自我评估	小组评估	教师评估
资讯(5)			
计划和决策(5)			
实施和检查(10)			
合计(20)			
总评			

教师签名:＿＿＿＿＿＿＿

任务2　增程式混合动力电动汽车认知

学生姓名		班级		学号	
实训场地		学时		日期	
任务描述	由于增程式混合动力电动汽车能有效解决了纯电动汽车的续驶里程问题,近年来发展迅速。请通过查询增程式混合动力电动汽车的基本信息及结构,找到关键零部件位置,并记录其基本信息,并填写相应的任务工单				
工作准备	(1)作业场地:带有消防设施的作业场地; (2)设施设备准备:纯电动汽车; (3)专用工具、设备:车轮挡块; (4)安全防护用品:劳保手套; (5)耗材:抹布				
任务要求	(1)增强规范、标准、质量、安全、环保、环境5S意识; (2)养成谦虚谨慎、团结协作的习惯				

请阅读教材中的"知识准备",完成以下内容。

1. 什么是增程式混合动力电动汽车?

2. 增程式混合动力电动汽车由哪些部分组成?

3. 增程式混合动力电动汽车有哪几种工作模式?

请根据任务要求,确定所需要的场地和物品,并对小组成员进行合理分工,制订详细的

工作计划。

一、制订人员分工方案

小组编号：_____ 组长：_____
小组成员：_____
你的任务：_____

二、检查场地及物品

检查并记录完成任务需要的场地、设备、工具及材料

1. 场地

检查工作场地是否清洁及存在安全隐患，如不正常，请向教师汇报并及时处理。

记录：_____

2. 车辆、充电桩及其他

（1）车辆：_____
（2）充电桩：_____
（3）其他：_____

3. 防护装备、设备及工具

（1）防护装备：_____
（2）设备及工具：_____

4. 安全要求及注意事项

（1）实训汽车停在实训工位上，没有经过教师批准不可起动。经教师批准起动前，首先应先检查车轮的安全挡块是否放好、驻车制动器操纵杆是否拉好、变速器操纵杆是否放在 P 挡位置上，确认车前是否有人。

（2）禁止触碰任何带安全警示标识的部件。

（3）实训期间禁止嬉戏打闹。

三、制订工作方案

根据任务小组进行讨论，确定工作方案（流程/工序）并记录。

_____
_____
_____

实施和检查

根据制订的计划实施完成以下任务并记录。

新能源汽车构造

1. 查询车辆基本信息

序号	内容	完成情况		记录
1	踩下制动踏板	□已完成	□未完成	
2	打开点火开关	□已完成	□未完成	
3	确认挡位置于P挡	□已完成	□未完成	
4	拉起驻车制动器操纵杆	□已完成	□未完成	
5	关闭点火开关	□已完成	□未完成	
6	放置车轮挡块	□已完成	□未完成	
7	查找车辆VIN	□已完成	□未完成	
8	查询车辆出厂时间及其他关键信息	□已完成	□未完成	
9	找到车辆铭牌,查询并记录车辆主要参数	□已完成	□未完成	

2. 检查前机舱

序号	内容	完成情况		记录
1	打开前机舱盖	□已完成	□未完成	
2	铺设翼子板三件套	□已完成	□未完成	
3	检查增程器系统各部件是否完好	□已完成	□未完成	
4	检查增程器系统插头是否牢固,线束有无破损	□已完成	□未完成	
5	检查低压控制系统各部件是否完好	□已完成	□未完成	
6	检查低压控制系统插头是否牢固,线束有无破损	□已完成	□未完成	
7	检查高压动力系统各部件是否完好	□已完成	□未完成	
8	检查高压动力系统插头是否牢固,线束有无破损	□已完成	□未完成	

3. 检查动力蓄电池

序号	内容	完成情况		记录
1	将车辆停放置于举升工位	□已完成	□未完成	
2	调整举升臂位置	□已完成	□未完成	
3	将车辆举升至合适高度	□已完成	□未完成	
4	检查车辆传动系统是否完好	□已完成	□未完成	
5	检查动力蓄电池低压控制系统插头是否牢固,线束有无破损	□已完成	□未完成	
6	检查动力蓄电池高压动力系统插头是否牢固,线束有无破损	□已完成	□未完成	

 评估

根据任务完成情况,学生自我评分。教师或指定组长过程巡视;验收、检查时,若发现问题,直接扣分。

评估项目(分值)	自我评估	小组评估	教师评估
资讯(5)			
计划和决策(5)			
实施和检查(10)			
合计(20)			
总评			

教师签名:_____

任务3　氢燃料电池电动汽车认知

学生姓名		班级		学号	
实训场地		学时		日期	
任务描述	燃料电池电动汽车也是一种电动汽车,可以在5min内给电池灌满燃料。请同学们查阅相关资料,分析一下氢燃料电池电动汽车都由哪些部分组成,请参照实训车辆,描述氢燃料电池电动汽车中各个零部件的位置和功能,并填写相应的任务工单				
工作准备	(1)作业场地:带有消防设施的作业场地; (2)设施设备准备:纯电动汽车; (3)专用工具、设备:车轮挡块; (4)安全防护用品:劳保手套; (5)耗材:抹布				
任务要求	(1)增强规范、标准、质量、安全、环保、环境5S意识; (2)养成谦虚谨慎、团结协作的习惯				

资讯

请阅读教材中的"知识准备",完成以下内容。

1. 什么是燃料电池电动汽车?

_____
_____
_____

2. 氢燃料电池是怎么产生电的?

_____
_____
_____
_____

3. 氢燃料电池电动汽车由哪些部分组成?

_____
_____
_____
_____

请根据任务要求,确定所需要的场地和物品,并对小组成员进行合理分工,制订详细的

工作计划。

一、制订人员分工方案

小组编号：_____ 组长：_____
小组成员：_____
你的任务：_____

二、检查场地及物品

检查并记录完成任务需要的场地、设备、工具及材料。

1. 场地

检查工作场地是否清洁及存在安全隐患，如不正常，请向教师汇报并及时处理。
记录：_____

2. 车辆、充电桩及其他

(1) 车辆：_____
(2) 充电桩：_____
(3) 其他：_____

3. 防护装备、设备及工具

(1) 防护装备：_____
(2) 设备及工具：_____

4. 安全要求及注意事项

(1) 实训汽车停在实训工位上，没有经过教师批准不可起动。经教师批准起动前，首先应先检查车轮的安全挡块是否放好、驻车制动器操纵杆是否拉好、变速器操纵杆是否放在 P 挡位置上，确认车前是否有人。
(2) 禁止触碰任何带安全警示标识的部件。
(3) 实训期间禁止嬉戏打闹。

三、制订工作方案

根据任务小组进行讨论，确定工作方案(流程/工序)并记录。

_____
_____

 **实施和检查**

根据制订的计划实施完成以下任务并记录。

指认氢燃料电池电动汽车上关键部件位置

序号	内容	完成情况		记录
1	确认挡位置于 P 挡	□已完成	□未完成	
2	拉起驻车制动器操纵杆	□已完成	□未完成	
3	放置车轮挡块	□已完成	□未完成	
4	打开前机舱盖	□已完成	□未完成	
5	铺设翼子板三件套	□已完成	□未完成	
6	指认氢燃料电池电动汽车燃料电池堆的位置,并描述其功能	□已完成	□未完成	
7	指认氢燃料电池电动汽车辅助动力源的位置,并描述其功能	□已完成	□未完成	
8	指认氢燃料电池电动汽车 DC/DC 变换器的位置,并描述其功能	□已完成	□未完成	
9	指认氢燃料电池电动汽车 DC/AC 逆变器的位置,并描述其功能	□已完成	□未完成	
10	指认氢燃料电池电动汽车电动机的位置,并描述其功能	□已完成	□未完成	
11	指认氢燃料电池电动汽车动力电控系统的位置,并描述其功能	□已完成	□未完成	

评估

根据任务完成情况,学生自我评分。教师或指定组长过程巡视;验收、检查时,若发现问题,直接扣分。

评估项目(分值)	自我评估	小组评估	教师评估
资讯(5)			
计划和决策(5)			
实施和检查(10)			
合计(20)			
总评			

教师签名:_____

任务4　太阳能汽车认知

学生姓名		班级		学号	
实训场地		学时		日期	
任务描述	2023年6月，中国首款"太阳能汽车"——"天津号"已经亮相世界智能大会，展示了中国在新能源汽车领域的创新成果和领先优势。请同学们查阅相关资料，分析一下太阳能汽车都由哪些部分组成，参照实训车辆，描述太阳能汽车中各个零部件的位置和功能，并填写相应的任务工单				
工作准备	(1) 作业场地：带有消防设施的作业场地； (2) 设施设备准备：纯电动汽车； (3) 专用工具、设备：车轮挡块； (4) 安全防护用品：劳保手套； (5) 耗材：抹布				
任务要求	(1) 增强规范、标准、质量、安全、环保、环境5S意识； (2) 养成谦虚谨慎、团结协作的习惯				

资讯

请阅读教材中的"知识准备"，完成以下内容。

1. 什么是太阳能汽车？

_____

_____

_____

2. 太阳能汽车由哪些部分组成？

_____

_____

_____

3. 太阳能汽车有哪几种应用形式？

_____

_____

_____

计划和决策

请根据任务要求，确定所需要的场地和物品，并对小组成员进行合理分工，制订详细的

工作计划。

一、制订人员分工方案

小组编号：_____组长：_____
小组成员：_____
你的任务：_____

二、检查场地及物品

检查并记录完成任务需要的场地、设备、工具及材料。

1. 场地

检查工作场地是否清洁及存在安全隐患，如不正常，请向教师汇报并及时处理。

记录：_____

2. 车辆、充电桩及其他

(1) 车辆：_____
(2) 充电桩：_____
(3) 其他：_____

3. 防护装备、设备及工具

(1) 防护装备：_____
(2) 设备及工具：_____

4. 安全要求及注意事项

(1) 实训汽车停在实训工位上，没有经过教师批准不可起动。经教师批准起动前，首先应先检查车轮的安全挡块是否放好、驻车制动器操纵杆是否拉好、变速器操纵杆是否放在P挡位置上，确认车前是否有人。

(2) 禁止触碰任何带安全警示标识的部件。

(3) 实训期间禁止嬉戏打闹。

三、制订工作方案

根据任务小组进行讨论，确定工作方案(流程/工序)并记录。

_____
_____

实施和检查

根据制订的计划实施完成以下任务并记录。

指认太阳能汽车上关键部件位置

序号	内容	完成情况		记录
1	确认挡位置于P挡	□已完成	□未完成	
2	拉起驻车制动器操纵杆	□已完成	□未完成	
3	放置车轮挡块	□已完成	□未完成	
4	打开前机舱盖	□已完成	□未完成	
5	铺设翼子板三件套	□已完成	□未完成	
6	指认太阳能汽车电池板布置的位置,并描述其功能	□已完成	□未完成	
7	指认太阳能汽车自动阳光跟踪器的位置,并描述其功能	□已完成	□未完成	

评估

根据任务完成情况,学生自我评分。教师或指定组长过程巡视;验收、检查时,若发现问题,直接扣分。

评估项目(分值)	自我评估	小组评估	教师评估
资讯(5)			
计划和决策(5)			
实施和检查(10)			
合计(20)			
总评			

教师签名:_____

任务5 代用燃料汽车认知

学生姓名		班级		学号	
实训场地		学时		日期	
任务描述	天然气作为汽油的代替燃料,由于价格便宜,非常受出租汽车驾驶员青睐。请查阅资料,并结合现有的实训车辆,分析天然气汽车由哪些部分组成,参照实训车辆,描述代用燃料汽车中各个零部件的位置和功能,并填写相应的任务工单				
工作准备	(1)作业场地:带有消防设施的作业场地; (2)设施设备准备:天然气汽车; (3)专用工具、设备:车轮挡块; (4)安全防护用品:劳保手套; (5)耗材:抹布				
任务要求	(1)增强规范、标准、质量、安全、环保、环境5S意识; (2)养成谦虚谨慎、团结协作的习惯				

资讯

请阅读教材中的"知识准备",完成以下内容。

1.什么是代用燃料汽车?

_____

_____

_____

2.代用燃料汽车由哪些部分组成?

_____

_____

_____

3.气体燃料汽车有哪几种?

_____

_____

_____

请根据任务要求,确定所需要的场地和物品,并对小组成员进行合理分工,制订详细的

工作计划。

一、制订人员分工方案

小组编号：_____ 组长：_____
小组成员：_____
你的任务：_____

二、检查场地及物品

检查并记录完成任务需要的场地、设备、工具及材料。

1. 场地

检查工作场地是否清洁及存在安全隐患，如不正常，请向教师汇报并及时处理。

记录：_____

2. 车辆、充电桩及其他

(1) 车辆：_____
(2) 充电桩：_____
(3) 其他：_____

3. 防护装备、设备及工具

(1) 防护装备：_____
(2) 设备及工具：_____

4. 安全要求及注意事项

(1) 实训汽车停在实训工位上，没有经过教师批准不可起动。经教师批准起动前，首先应先检查车轮的安全挡块是否放好、驻车制动器操纵杆是否拉好、变速器操纵杆是否放在 P 挡位置上，确认车前是否有人。

(2) 禁止触碰任何带安全警示标识的部件。

(3) 实训期间禁止嬉戏打闹。

三、制订工作方案

根据任务小组进行讨论，确定工作方案(流程/工序)并记录。

_____
_____
_____

实施和检查

根据制订的计划实施完成以下任务并记录。

新能源汽车构造

1. 指认燃气汽车上关键部件位置

序号	内容	完成情况	记录
1	确认挡位置于P挡	□已完成　□未完成	
2	拉起驻车制动器操纵杆	□已完成　□未完成	
3	放置车轮挡块	□已完成　□未完成	
4	打开前机舱盖	□已完成　□未完成	
5	铺设翼子板三件套	□已完成　□未完成	
6	指认燃气汽车燃气计算机的位置,并描述其功能	□已完成　□未完成	
7	指认燃气汽车滤清器的位置,并描述其功能	□已完成　□未完成	
8	指认燃气汽车的减压器位置,并描述其功能	□已完成　□未完成	
9	指认燃气汽车的喷轨位置,并描述其功能	□已完成　□未完成	

2. 指认燃气汽车上行李舱内关键部件位置

序号	内容	完成情况	记录
1	打开行李舱	□已完成　□未完成	
2	指认燃气汽车的储气瓶的位置,并描述其功能	□已完成　□未完成	
3	指认燃气汽车加气头的位置,并描述其功能	□已完成　□未完成	

评估

根据任务完成情况,学生自我评分。教师或指定组长过程巡视;验收、检查时,若发现问题,直接扣分。

评估项目(分值)	自我评估	小组评估	教师评估
资讯(5)			
计划和决策(5)			
实施和检查(10)			
合计(20)			
总评			

教师签名:＿＿＿＿＿＿

项目三　新能源汽车使用与安全防护

任务1　新能源汽车使用

学生姓名		班级		学号	
实训场地		学时		日期	
任务描述	新能源汽车在外观和使用上和传统的燃油汽车差别不大,但还是有所不同。在使用车辆之前,请在起动车辆前检查车辆,并对实训车辆进行起停操作,记录其基本信息,并填写相应的任务工单				
工作准备	(1)作业场地:带有消防设施的作业场地; (2)设施设备准备:纯电动汽车; (3)专用工具、设备:车轮挡块; (4)安全防护用品:劳保手套; (5)耗材:抹布				
任务要求	(1)增强规范、标准、质量、安全、环保、环境5S意识; (2)养成谦虚谨慎、团结协作的习惯				

资讯

请阅读教材中的"知识准备",完成以下内容。

1.什么是PDI检查?

2.车辆仪表都可以显示哪些信息?

3.车辆仪表故障时会显示哪些警告灯?

计划和决策

请根据任务要求,确定所需要的场地和物品,并对小组成员进行合理分工,制订详细的

工作计划。

一、制订人员分工方案

小组编号：_____ 组长：_____
小组成员：_____
你的任务：_____

二、检查场地及物品

检查并记录完成任务需要的场地、设备、工具及材料。

1. 场地

检查工作场地是否清洁及存在安全隐患，如不正常，请向教师汇报并及时处理。
记录：_____

2. 车辆、充电桩及其他

(1) 车辆：_____
(2) 充电桩：_____
(3) 其他：_____

3. 防护装备、设备及工具

(1) 防护装备：_____
(2) 设备及工具：_____

4. 安全要求及注意事项

(1) 实训汽车停在实训工位上，没有经过教师批准不可起动。经教师批准起动前，首先应先检查车轮的安全挡块是否放好、驻车制动器操纵杆是否拉好、变速器操纵杆是否放在P挡位置上，确认车前是否有人。
(2) 禁止触碰任何带安全警示标识的部件。
(3) 实训期间禁止嬉戏打闹。

三、制订工作方案

根据任务小组进行讨论，确定工作方案(流程/工序)并记录。

_____
_____
_____

根据制订的计划实施完成以下任务并记录。

1. 车辆起动准备

序号	内容	完成情况		记录
1	上车前环绕四周,检查车辆周围情况	□已完成	□未完成	
2	目检车辆胎压正常	□已完成	□未完成	
3	目检车身无划痕、损坏	□已完成	□未完成	
4	遥控钥匙解锁车辆,打开车门	□已完成	□未完成	
5	调节座椅前后位置、座椅靠背角度、座椅坐垫高度、头部保护装置高度、转向盘角度和高低	□已完成	□未完成	
6	调节内后视镜和外后视镜角度	□已完成	□未完成	
7	所有车门均关好	□已完成	□未完成	
8	系紧安全带	□已完成	□未完成	

2. 起动车辆

序号	内容	完成情况		记录
1	插入钥匙	□已完成	□未完成	
2	踩下制动踏板,按下点火开关	□已完成	□未完成	
3	观察仪表显示"READY(OK)"灯点亮	□已完成	□未完成	
4	听前机舱真空助力泵运转声音。若未听到,多次踩下踏板	□已完成	□未完成	
5	观察仪表无故障警报灯	□已完成	□未完成	
6	记下仪表荷电状态及续驶里程	□已完成	□未完成	

3. 车辆向前行驶

序号	内容	完成情况		记录
1	踩下制动踏板并保持不动,变速器操纵杆由"P"挡置换前进挡"D"挡	□已完成	□未完成	
2	检查液晶显示屏中显示"D"挡信号	□已完成	□未完成	
3	放下驻车制动器操纵杆	□已完成	□未完成	
4	松开制动踏板,同时轻踩加速踏板,车辆开始行驶	□已完成	□未完成	
5	如果需要加速,均匀用力,逐渐踩下加速踏板	□已完成	□未完成	

4. 倒车

序号	内容	完成情况		记录
1	踩下制动踏板,至车辆完全停稳	□已完成	□未完成	
2	制动踏板并保持位置不动,将变速器操纵杆置于空挡"N"挡,再将变速器操纵杆置于"R"挡	□已完成	□未完成	

续上表

序号	内容	完成情况	记录
3	松开制动踏板,轻踩加速踏板,观察后视镜,完成倒车	□已完成　□未完成	

5. 停车或驻车

序号	内容	完成情况	记录
1	将车辆行驶到合适位置	□已完成　□未完成	
2	踩下制动踏板,待车辆缓慢停稳,右脚保持踩制动踏板位置不动	□已完成　□未完成	
3	待停车停稳后,按下变速器操纵杆上的P挡按键(或挂如P挡)	□已完成　□未完成	
4	查看组合仪表显示屏的挡位指示灯,确认车辆的挡位在P挡	□已完成　□未完成	
5	拉起驻车制动器操纵杆	□已完成　□未完成	
6	关闭点火开关	□已完成　□未完成	

评估

根据任务完成情况,学生自我评分。教师或指定组长过程巡视;验收、检查时,若发现问题,直接扣分。

评估项目(分值)	自我评估	小组评估	教师评估
资讯(5)			
计划和决策(5)			
实施和检查(10)			
合计(20)			
总评			

教师签名:＿＿＿＿＿＿

任务2　使用高压安全防护用具

学生姓名		班级		学号	
实训场地		学时		日期	
任务描述	新能源汽车的电压一般在200~750V之间。在对新能源汽车进行维护时一定要注意高压安全防护。请在使用高压安全防护用具前,正确地对使用物品进行检查,并填写相应的任务工单				
工作准备	(1)作业场地:带有消防设施的作业场地; (2)设施设备准备:纯电动汽车; (3)专用工具、设备:车轮挡块; (4)安全防护用品:劳保手套; (5)耗材:抹布				
任务要求	(1)增强规范、标准、质量、安全、环保、环境5S意识; (2)养成谦虚谨慎、团结协作的习惯				

资讯

请阅读教材中的"知识准备",完成以下内容。

1. 绝缘手套使用有哪些注意事项?

_____
_____
_____

2. 绝缘鞋使用有哪些注意事项?

_____
_____
_____

3. 常用高压安全防护用具有哪些?

_____
_____
_____
_____

计划和决策

请根据任务要求,确定所需要的场地和物品,并对小组成员进行合理分工,制订详细的工作计划。

一、制订人员分工方案

小组编号：_____ 组长：_____
小组成员：_____
你的任务：_____

二、检查场地及物品

检查并记录完成任务需要的场地、设备、工具及材料。

1. 场地

检查工作场地是否清洁及存在安全隐患，如不正常，请向教师汇报并及时处理。
记录：_____

2. 车辆、充电桩及其他

(1) 车辆：_____
(2) 充电桩：_____
(3) 其他：_____

3. 防护装备、设备及工具

(1) 防护装备：_____
(2) 设备及工具：_____

4. 安全要求及注意事项

(1) 实训汽车停在实训工位上，没有经过教师批准不可起动。经教师批准起动前，首先应先检查车轮的安全挡块是否放好、驻车制动器操纵杆是否拉好、变速器操纵杆是否放在P挡位置上，确认车前是否有人。
(2) 禁止触碰任何带安全警示标识的部件。
(3) 实训期间禁止嬉戏打闹。

三、制订工作方案

根据任务小组进行讨论，确定工作方案（流程/工序）并记录。

_____
_____
_____
_____

实施和检查

根据制订的计划实施完成以下任务并记录。

1. 检查绝缘手套

序号	内容	完成情况		记录
1	检查绝缘手套耐压等级、生产日期标识	□已完成	□未完成	
2	绝缘手套是否有破损、裂痕等现象	□已完成	□未完成	
3	在使用绝缘手套前,请确认裂纹、磨损以及其他损伤	□已完成	□未完成	
4	侧位放置手套,从手套边缘开始卷起手套	□已完成	□未完成	
5	把手套靠近耳边,听到是否有漏气声	□已完成	□未完成	
6	感觉手套压力是否减少	□已完成	□未完成	
7	确认有无空气泄漏,确认绝缘手套是否完好	□已完成	□未完成	

2. 检查绝缘鞋

序号	内容	完成情况		记录
1	检查绝缘鞋耐压等级、生产日期标识	□已完成	□未完成	
2	检查绝缘鞋是否脏污、破损	□已完成	□未完成	
3	检查绝缘鞋底是否断裂、潮湿	□已完成	□未完成	

3. 检查绝缘帽

序号	内容	完成情况		记录
1	检查绝缘帽耐压等级、生产日期标识	□已完成	□未完成	
2	绝缘帽外观是否出现破损、裂痕等现象	□已完成	□未完成	
3	帽衬是否完整,帽衬的结构是否处于正常状态	□已完成	□未完成	

4. 检查护目镜

序号	内容	完成情况		记录
1	检查护目镜镜片是否有划痕	□已完成	□未完成	
2	检查护目镜镜腿是否出现破损、裂痕、松动等现象	□已完成	□未完成	
3	佩戴后检查是否稳固、是否会晃动	□已完成	□未完成	

根据任务完成情况,学生自我评分。教师或指定组长过程巡视;验收、检查时,若发现问题,直接扣分。

评估项目(分值)	自我评估	小组评估	教师评估
资讯(5)			
计划和决策(5)			
实施和检查(10)			
合计(20)			
总评			

教师签名：_____

任务3　新能源汽车高压断电

学生姓名		班级		学号	
实训场地		学时		日期	
任务描述	新能源汽车具有高电压，因此在维护与修理新能源汽车前，必须先按照高电压操作规程执行高压系统的断电操作。请对实训车辆的高压系统进行断电操作，并填写相应的任务工单				
工作准备	(1) 作业场地：带有消防设施的作业场地； (2) 设施设备准备：纯电动汽车； (3) 专用工具、设备：车轮挡块、绝缘手套、护目镜、常用拆装工具； (4) 安全防护用品：劳保手套； (5) 耗材：抹布				
任务要求	(1) 增强规范、标准、质量、安全、环保、环境5S意识； (2) 养成谦虚谨慎、团结协作的习惯				

请阅读教材中的"知识准备"，完成以下内容。

1. 为什么要进行高压断电？

_____
_____
_____

2. 什么情况下，车辆会自动进行高压断电？

_____
_____
_____

3. 维修开关的作用是什么？

_____
_____
_____

请根据任务要求，确定所需要的场地和物品，并对小组成员进行合理分工，制订详细的

工作计划。

一、制订人员分工方案

小组编号：_____ 组长：_____
小组成员：_____
你的任务：_____

二、检查场地及物品

检查并记录完成任务需要的场地、设备、工具及材料。

1. 场地

检查工作场地是否清洁及存在安全隐患，如不正常，请向教师汇报并及时处理。
记录：_____

2. 车辆、充电桩及其他

(1) 车辆：_____
(2) 充电桩：_____
(3) 其他：_____

3. 防护装备、设备及工具

(1) 防护装备：_____
(2) 设备及工具：_____

4. 安全要求及注意事项

(1) 实训汽车停在实训工位上，没有经过教师批准不可起动。经教师批准起动前，首先应先检查车轮的安全挡块是否放好、驻车制动器操纵杆是否拉好、变速器操纵杆是否放在 P 挡位置上，确认车前是否有人。
(2) 禁止触碰任何带安全警示标识的部件。
(3) 实训期间禁止嬉戏打闹。

三、制订工作方案

根据任务小组进行讨论，确定工作方案（流程/工序）并记录。

_____
_____

根据制订的计划实施完成以下任务并记录。

1. 作业前现场环境检查

序号	内容	完成情况		记录
1	设立隔离柱,布置警戒线,隔离间距保持在1~1.5m之间	□已完成	□未完成	
2	张贴标注"高压危险""有电危险""禁止合闸"等警示牌,防止他人误碰	□已完成	□未完成	
3	检查维修工位绝缘地垫是否破损脏污	□已完成	□未完成	

2. 作业前防护用具检查

序号	内容	完成情况		记录
1	检查绝缘手套外观是否龟裂老化,气密性是否良好	□已完成	□未完成	
2	检查护目镜镜面是否有划痕裂纹,镜带是否松弛失效	□已完成	□未完成	
3	检查安全帽外观有无破损,佩戴时必须紧固锁扣	□已完成	□未完成	
4	检查绝缘鞋外观是否良好,是否有开胶断底等现象,如果有则更换	□已完成	□未完成	

3. 低压断电

序号	内容	完成情况		记录
1	确认挡位置于P挡,拉起驻车制动器操纵杆	□已完成	□未完成	
2	关闭点火开关,妥善保管钥匙	□已完成	□未完成	
3	放置车轮挡块,打开前机舱盖,铺设翼子板三件套	□已完成	□未完成	
4	使用合适工具松开蓄电池负极螺栓,断开蓄电池负极	□已完成	□未完成	
5	佩戴绝缘手套,使用工具翘起的维修开关绿色锁止按钮,向上扳起维修开关的黑色把手呈90°	□已完成	□未完成	

评估

根据任务完成情况,学生自我评分。教师或指定组长过程巡视;验收、检查时,若发现问题,直接扣分。

评估项目(分值)	自我评估	小组评估	教师评估
资讯(5)			
计划和决策(5)			
实施和检查(10)			
合计(20)			
总评			

教师签名:＿＿＿＿＿＿＿

任务4 触电事故的现场急救

学生姓名		班级		学号	
实训场地		学时		日期	
任务描述	随着现代生活对电力的依赖,电在身边无处不在。如果身边有人出现触电,我们作为第一目击者该怎么办?请模拟有人触电的情景,对身边的触电事故进行现场急救,并填写相应的任务工单					
工作准备	(1)作业场地:带有消防设施的作业场地; (2)设施设备准备:纯电动汽车; (3)专用工具、设备:车轮挡块; (4)安全防护用品:劳保手套; (5)耗材:抹布					
任务要求	(1)增强规范、标准、质量、安全、环保、环境5S意识; (2)养成谦虚谨慎、团结协作的习惯					

资讯

请阅读教材中的"知识准备",完成以下内容。

1. 人体的安全电压是多少?

_____

_____

2. 高压电对人体的伤害形式有哪几种?

_____

_____

_____

3. 什么情况下需要对触电者进行心肺复苏?

_____

_____

_____

计划和决策

请根据任务要求,确定所需要的场地和物品,并对小组成员进行合理分工,制订详细的

工作计划。

一、制订人员分工方案

小组编号：_____ 组长：_____
小组成员：_____
你的任务：_____

二、检查场地及物品

检查并记录完成任务需要的场地、设备、工具及材料。
1. 场地
检查工作场地是否清洁及存在安全隐患，如不正常，请向教师汇报并及时处理。
记录：_____
2. 车辆、充电桩及其他
(1) 车辆：_____
(2) 充电桩：_____
(3) 其他：_____
3. 防护装备、设备及工具
(1) 防护装备：_____
(2) 设备及工具：_____
4. 安全要求及注意事项
(1) 实训汽车停在实训工位上，没有经过教师批准不可起动。经教师批准起动前，首先应先检查车轮的安全挡块是否放好、驻车制动器操纵杆是否拉好、变速器操纵杆是否放在 P 挡位置上，确认车前是否有人。
(2) 禁止触碰任何带安全警示标识的部件。
(3) 实训期间禁止嬉戏打闹。

三、制订工作方案

根据任务小组进行讨论，确定工作方案（流程/工序）并记录。
_____
_____
_____

实施和检查

根据制订的计划实施完成以下任务并记录。

新能源汽车构造

1. 脱离电源

序号	内容	完成情况		记录
1	切断电源开关	□已完成	□未完成	
2	用绝缘材料挑开假人身上的电线	□已完成	□未完成	
3	判断现场安全性	□已完成	□未完成	
4	判断触电者意识	□已完成	□未完成	
5	拨打"120"电话	□已完成	□未完成	

2. 安全急救

序号	内容	完成情况		记录
1	将触电者脱离电源后应立即移到通风处,并将其仰卧	□已完成	□未完成	
2	迅速鉴定触电者是否有心跳、呼吸等生命体征	□已完成	□未完成	
3	实施心肺复苏	□已完成	□未完成	

评估

根据任务完成情况,学生自我评分。教师或指定组长过程巡视;验收、检查时,若发现问题,直接扣分。

评估项目(分值)	自我评估	小组评估	教师评估
资讯(5)			
计划和决策(5)			
实施和检查(10)			
合计(20)			
总评			

教师签名:_____

任务5　新能源汽车无法起动应急处理

学生姓名		班级		学号	
实训场地		学时		日期	
任务描述	新能源汽车行驶在路上,难免会出现各种故障。假如你的新能源汽车行驶在路上,车辆无法起动,该怎么办呢?请对车辆进行应急处理,并填写相应的任务工单				
工作准备	(1)作业场地:带有消防设施的作业场地; (2)设施设备准备:纯电动汽车; (3)专用工具、设备:车轮挡块; (4)安全防护用品:劳保手套; (5)耗材:抹布				
任务要求	(1)增强规范、标准、质量、安全、环保、环境5S意识; (2)养成谦虚谨慎、团结协作的习惯				

请阅读教材中的"知识准备",完成以下内容。

1. 有哪些原因会造成车辆无法起动?

_____

_____

2. 当车辆无法起动时该如何处理?

_____

_____

_____

计划和决策

请根据任务要求,确定所需要的场地和物品,并对小组成员进行合理分工,制订详细的工作计划。

一、制订人员分工方案

小组编号:_____　组长:_____

小组成员:_____

你的任务:_____

二、检查场地及物品

检查并记录完成任务需要的场地、设备、工具及材料。

1. 场地

检查工作场地是否清洁及存在安全隐患，如不正常，请向教师汇报并及时处理。

记录：_____

2. 车辆、充电桩及其他

(1) 车辆：_____

(2) 充电桩：_____

(3) 其他：_____

3. 防护装备、设备及工具

(1) 防护装备：_____

(2) 设备及工具：_____

4. 安全要求及注意事项

(1) 实训汽车停在实训工位上，没有经过教师批准不可起动。经教师批准起动前，首先应先检查车轮的安全挡块是否放好、驻车制动器操纵杆是否拉好、变速器操纵杆是否放在 P 挡位置上，确认车前是否有人。

(2) 禁止触碰任何带安全警示标识的部件。

(3) 实训期间禁止嬉戏打闹。

三、制订工作方案

根据任务小组进行讨论，确定工作方案（流程/工序）并记录。

_____

_____

根据制订的计划实施完成以下任务并记录。

1. 检查车辆状态

序号	内容	完成情况		记录
1	打开车门	□已完成	□未完成	
2	踩下制动踏板	□已完成	□未完成	
3	按下点火开关	□已完成	□未完成	
4	检查仪表盘"READY"灯是否点亮	□已完成	□未完成	

续上表

序号	内容	完成情况		记录
5	检查仪表板剩余电量及续驶里程	□已完成	□未完成	
6	检查仪表板是否有故障指示灯	□已完成	□未完成	
7	踩下制动踏板,挡位置于D挡,检查仪表板挡位显示	□已完成	□未完成	

2. 等待道路救援

序号	内容	完成情况		记录
1	将车停到合适位置	□已完成	□未完成	
2	打开行李舱	□已完成	□未完成	
3	找到三角警示牌	□已完成	□未完成	
4	按照规定放到合适位置	□已完成	□未完成	
5	驾乘人员离开车辆到安全位置	□已完成	□未完成	
6	拨打道路救援电话,等待救援	□已完成	□未完成	

评估

根据任务完成情况,学生自我评分。教师或指定组长过程巡视,验收、检查时,若发现问题,直接扣分。

评估项目(分值)	自我评估	小组评估	教师评估
资讯(5)			
计划和决策(5)			
实施和检查(10)			
合计(20)			
总评			

教师签名:＿＿＿＿＿＿

任务6　新能源汽车火灾事故应急处理

学生姓名		班级		学号	
实训场地		学时		日期	
任务描述	新能源汽车行驶在路上,难免会出现各种故障。假如你的新能源汽车行驶在路上,车辆突发火灾事故,该怎么办呢?请对车辆进行应急处理,并填写相应的任务工单					
工作准备	(1)作业场地:带有消防设施的作业场地; (2)设施设备准备:纯电动汽车; (3)专用工具、设备:车轮挡块; (4)安全防护用品:劳保手套; (5)耗材:抹布					
任务要求	(1)增强规范、标准、质量、安全、环保、环境5S意识; (2)养成谦虚谨慎、团结协作的习惯					

资讯

请阅读教材中的"知识准备",完成以下内容。

1.哪些原因会造成新能源汽车起火?

2.新能源汽车哪些部件会因为高温亮起警告灯?

3.新能源汽车火灾事故有哪些特点?

请根据任务要求,确定所需要的场地和物品,并对小组成员进行合理分工,制订详细的

工作计划。

一、制订人员分工方案

小组编号：_____ 组长：_____
小组成员：_____
你的任务：_____

二、检查场地及物品

检查并记录完成任务需要的场地、设备、工具及材料。

1. 场地

检查工作场地是否清洁及存在安全隐患，如不正常，请向教师汇报并及时处理。

记录：_____

2. 车辆、充电桩及其他

(1) 车辆：_____
(2) 充电桩：_____
(3) 其他：_____

3. 防护装备、设备及工具

(1) 防护装备：_____
(2) 设备及工具：_____

4. 安全要求及注意事项

(1) 实训汽车停在实训工位上，没有经过教师批准不可起动。经教师批准起动前，首先应先检查车轮的安全挡块是否放好、驻车制动器操纵杆是否拉好、变速器操纵杆是否放在 P 挡位置上，确认车前是否有人。

(2) 禁止触碰任何带安全警示标识的部件。

(3) 实训期间禁止嬉戏打闹。

三、制订工作方案

根据任务小组进行讨论，确定工作方案(流程/工序)并记录。

_____
_____
_____

实施和检查

根据制订的计划实施完成以下任务并记录。

1. 检查车辆状态

序号	内容	完成情况		记录
1	打开车门	□已完成	□未完成	
2	踩下制动踏板	□已完成	□未完成	
3	按下点火开关	□已完成	□未完成	
4	检查仪表盘"READY"灯是否点亮	□已完成	□未完成	
5	检查仪表板剩余电量及续驶里程	□已完成	□未完成	
6	检查仪表板是否有故障指示灯	□已完成	□未完成	
7	检查车内是否有异味	□已完成	□未完成	

2. 等待救援

序号	内容	完成情况		记录
1	将车停靠边到合适位置	□已完成	□未完成	
2	断电,关闭车上所有电气设备	□已完成	□未完成	
3	驾乘人员离开车辆到安全位置	□已完成	□未完成	
4	拨打119,等待救援	□已完成	□未完成	

评估

根据任务完成情况,学生自我评分。教师或指定组长过程巡视;验收、检查时,若发现问题,直接扣分。

评估项目(分值)	自我评估	小组评估	教师评估
资讯(5)			
计划和决策(5)			
实施和检查(10)			
合计(20)			
总评			

教师签名:＿＿＿＿＿＿

任务7　新能源汽车水灾事故应急处理

学生姓名		班级		学号	
实训场地		学时		日期	
任务描述	新能源汽车行驶在路上，难免会出现各种问题，尤其是雨季。假如你的新能源汽车行驶时，突降大雨，水位很高，该怎么办呢？请对车辆进行应急处理，并填写相应的任务工单				
工作准备	(1)作业场地:带有消防设施的作业场地； (2)设施设备准备:纯电动汽车； (3)专用工具、设备:车轮挡块； (4)安全防护用品:劳保手套； (5)耗材:抹布				
任务要求	(1)增强规范、标准、质量、安全、环保、环境5S意识； (2)养成谦虚谨慎、团结协作的习惯				

请阅读教材中的"知识准备"，完成以下内容。

1. 新能源汽车的防水标准有哪些？

_____

_____

2. 涉水驾驶新能源汽车有哪些风险？

_____

_____

_____

计划和决策

请根据任务要求，确定所需要的场地和物品，并对小组成员进行合理分工，制订详细的工作计划。

一、制订人员分工方案

小组编号：_____　　组长：_____

小组成员：_____

你的任务：_____

二、检查场地及物品

检查并记录完成任务需要的场地、设备、工具及材料。

1. 场地

检查工作场地是否清洁及存在安全隐患,如不正常,请向教师汇报并及时处理。

记录:_____

2. 车辆、充电桩及其他

(1) 车辆:_____

(2) 充电桩:_____

(3) 其他:_____

3. 防护装备、设备及工具

(1) 防护装备:_____

(2) 设备及工具:_____

4. 安全要求及注意事项

(1) 实训汽车停在实训工位上,没有经过教师批准不可起动。经教师批准起动前,首先应先检查车轮的安全挡块是否放好、驻车制动器操纵杆是否拉好、变速器操纵杆是否放在 P 挡位置上,确认车前是否有人。

(2) 禁止触碰任何带安全警示标识的部件。

(3) 实训期间禁止嬉戏打闹。

三、制订工作方案

根据任务小组进行讨论,确定工作方案(流程/工序)并记录。

_____
_____
_____
_____

实施和检查

根据制订的计划实施完成以下任务并记录。

1. 低速通过涉水路面

序号	内容	完成情况		记录
1	车辆通过积水路面时尽量使车速保持在20km/h以下	□已完成	□未完成	
2	检查仪表板报警灯及文字故障提示	□已完成	□未完成	

2.高地势停车

序号	内容	完成情况		记录
1	车辆尽量停靠在地势较高的位置	□已完成	□未完成	
2	断电,关闭车上所有电气设备,断开蓄电池负极	□已完成	□未完成	

评估

根据任务完成情况,学生自我评分。教师或指定组长过程巡视;验收、检查时,若发现问题,直接扣分。

评估项目(分值)	自我评估	小组评估	教师评估
资讯(5)			
计划和决策(5)			
实施和检查(10)			
合计(20)			
总评			

教师签名:_____

参考文献

[1] 北京新能源汽车营销有限公司. 新能源汽车构造与检修[M]. 北京:机械工业出版社,2023.

[2] 周晓飞. 图解新能源汽车[M]. 北京:化学工业出版社,2023.

[3] 王鸿波,谢敬武. 新能源汽车构造与检修[M]. 北京:机械工业出版社,2022.

[4] 崔金明,郑为民. 新能源汽车构造原理与维修[M]. 北京:化学工业出版社,2022.

[5] 深圳风向标教育资源股份有限公司. 新能源汽车结构原理与检修[M]. 北京:机械工业出版社,2022.

[6] 广东凌泰教育资源股份有限公司. 新能源汽车构造原理快速入门50天[M]. 北京:机械工业出版社,2021.

[7] 刘建华,陈宏伟. 新能源电动汽车构造与原理[M]. 北京:北京交通大学出版社,2021.

[8] 何宇漾,华奇,程岩,等. 新能源汽车构造与维修维护[M]. 北京:清华大学出版社,2021.

[9] 刘福华,康朝国. 新能源汽车构造与检修[M]. 北京:中国轻工业出版社,2021.

[10] 张冰战. 新能源汽车概论[M]. 合肥:合肥工业大学出版社,2022.

[11] 王东光. 新能源汽车概论[M]. 北京:机械工业出版社,2022.

[12] 崔胜民. 新能源汽车概论[M]. 4版. 北京:北京大学出版社,2022.

[13] 赵振宁. 新能源汽车概论[M]. 北京:机械工业出版社,2022.

[14] 贾利军,尹力卉. 新能源汽车概论[M]. 北京:机械工业出版社,2022.

[15] 北京教盟博飞汽车科技有限公司. 新能源汽车概论[M]. 2版. 北京:人民交通出版社股份有限公司,2022.

[16] 胡萍,余朝宽. 新能源汽车概论[M]. 重庆:重庆大学出版社,2021.

[17] 朱德乾,吴忠. 新能源汽车概论[M]. 上海:上海交通大学出版社,2021.

[18] 廖小峰. 新能源汽车概论[M]. 重庆:重庆大学出版社,2021.

[19] 吴兴敏,金玲. 新能源汽车[M]. 北京:化学工业出版社,2021.

[20] 吴兴敏,区军华,李日成,等. 新能源汽车概论一体化教程[M]. 北京:人民邮电出版社,2021.